叢書・ウニベルシタス　895

啓蒙の精神

明日への遺産

ツヴェタン・トドロフ
石川光一 訳

法政大学出版局

目 次

凡例

一、本書は、二〇〇六年に刊行されたツヴェタン・トドロフ『啓蒙の精神』（*L'esprit des Lumières*）の全訳である。副題は同年春、フランス国立図書館で開催された「啓蒙主義　明日への遺産」展の副題からとった。

一、原注は（1）…、訳注は＊1…で示し、本文末尾にまとめた。原注はすべて引用文の典拠の指示であり、邦訳のあるものは該当書、引用頁等を掲げたが、訳文は訳者の責任において変えたものもある。

一、原文中のイタリック表記は、本書では傍点で表した。

一、必要と思われる訳者による補足は本文中に〔　〕で補った。

一、「プロローグ」「エピローグ」のタイトルは訳者が補った。

一、附録として、先に触れたフランス国立図書館での「啓蒙主義　明日への遺産」展のパンフレットに掲載された、トドロフによる同名の小論を掲載した。

一、巻末に、人名索引を付した。

プロローグ

神が死に、いくつものユートピアが崩れ去った後で、自らの公共生活をどのような知的、道徳的土台のうえに打ち立てようとわたしたちは望んでいるのだろうか。その責任を果たすことができる者となるためには、用いる言説ばかりでなく——それなら簡単なことだ——、行為そのものの基礎となる概念的枠組みが必要である。この枠組みを求めてわたしは、思想や感性のある傾向、啓蒙主義のヒューマニズム的な側面へと導かれることとなった。一七八九年のフランス大革命に先立つ四分の三世紀の間に、何にもまして、現在のわたしたちのありようの元となる大転換が生じた。史上はじめて人類が、自分自身の運命をその手に握り、人間が幸福であることをその行為の究極の目的に定めたのであった。この運動はどこか一つの国からではなく、全ヨーロッパで起こったものであり、哲学や政治、科学や芸術、小説や自伝を通じて表現されている。

当然のことながら、たんなる過去への回帰は可能でもなければ、望むべくもない。十八世紀の著作家たちも、その時から立ち現れ、今日では日々世界をズタズタに引き裂いている諸問題に解決など与えようもなかったであろう。とはいえ、この根本的な変動についての理解をさらに深めることが、今日わたしたちがより良く生きる手助けになるだろう。だからわたしが望んだのは、わたしたちの時代から目を背けずに過去と現在の間をたえず行き来し、啓蒙思想のアウトラインを描き出すことである。

第一章　プロジェクト

啓蒙主義のプロジェクトとはどの点に存するかを正確に言い表すことは簡単ではなく、それには理由が二つある。まず、啓蒙主義とはそれなりの結論へとたどり着き、議論を要約し、綜合した一つの時代であって、根本的な革新の時代ではなかったことである。啓蒙主義の主要な思想は、その起源を十八世紀に見いだすことはできない。そこに認められるのは、古典古代〔ギリシア・ローマ時代〕に由来するのでなければ、中世やルネサンス、さらに古典期〔十七世紀〕の痕跡である。啓蒙主義は、過去において相争った諸見解を吸収し、それらを互いに結びつける。それだからこそ歴史家たちが往々にして注意を促してきたことでもあるのだが、啓蒙主義についてのある種の既成観念を一掃する必要があるのだ。啓蒙主義は合理主義的であるとともに経験論的であり、ロックと同じくらいデカルトの後継者でもあった。啓蒙主義は古典派の人々も近代派の人々も、[*1]普遍論者たちも唯名論者たちも受け入れ、[*2]歴史的なものと永遠なもの、微細なものと抽象的なもの、自然なものと人工的なもの、自由なものと平等なものの虜になった。素材は古いものだったが、その結びつきが新しかった。ただそれらが互いに組み合わされただけではなく、これが肝心なのだが、そうした観念が書物を飛び出して現実世界に受け入れられるようになったのが、啓蒙期だったのである。

第二の障害は、啓蒙思想がきわめて多くの個人によって担われているとの事実に由来する。互いに一致点を感じ取るどころか、彼らはそれぞれの国内におけるのと同様、国と国とのあいだの激しい議論にたえず巻き込まれていった。その時代から経過した時の流れのおかげで、なるほどわたしたちには選択の余地がある。だがそれもただある程度までにすぎない。過ぎ去った過去の不一致は、今日なお対立する思想上の流派を生み出した。啓蒙主義とはコンセンサスよりもむしろ、論争の時代であった。おそるべき多様性、とはいえこれも確かなことだが、それだからこそ啓蒙主義のプロジェクトと呼ぶことができるものが存在することを、わたしたちはそれほど苦労することもなく認めることができるのである。

このプロジェクトの基礎には、自立性、わたしたちの行為が持つ人間固有の目的性、そして普遍性の三つの思想があり、そこからまた啓蒙主義の無数の帰結が育まれるのである。

啓蒙思想を構成する第一の特色は、外的な権威によってわたしたちに科せられたものを踏みしだいて、人が自ら選択し決定する物事に特権を付与することにある。このような選択にはしたがって、一面では批判的な、他面では建設的な二つの面が含まれる。つまり、外部から人間に科せられたあらゆる後見から逃れなければならず、それとともに人間が望んだ法、規範、規則により人間自身が導かれなければならないのである。解放と自立が同一の過程の等しく不可分な二つの段階を指し示す言葉となる。そこに足を踏み入れることができるためには、検討し、問いを立て、批判し、疑いを発する、完全な自由を人は備えていなければならない。つまり、もはやいかなるドグマもいかなる制度も聖なるものとは見なされないのだ。こうした選択から導き出される間接的ではあるが決定的な帰結は、あらゆる権威の特質に関わる限定であり、要するにそうした権威は人間と同等である、つまり自然なものであって、超自然なものであってはならないということである。まさしくこの意味において、啓蒙主義は、そこかしこで同一の物理法則に従い、あるいはこと人間社会に関しては同一の行動メカニズムを示す「脱魔術化した」世界を生み出すのである。

　啓蒙主義以前に、その下で人間が暮らしてきた後見は、最初は宗教的な本性のものであり、それゆえその起源は現在の社会に先立つ（その意味では「他律的なもの」と言える）とともに、超自然的なものであった。自分自身に固有な運命を人間が手に入れられることを目指して、もっとも多くの批判が向けられたのが、宗教に対してである。とはいえ、その批判は標的が絞られていた。拒絶されたのは、その正統性がたんに伝統に従って神々や祖先に帰されたものだけに由来するような掟に、社会や個人がひれ伏すことであった。人々の生活に方向性を与えるのは、もはや過去の権威ではなく、将来へのプロジェクトであった。その一方で、宗教的経験そのもの、あるいは超越性の観念、また個々の宗教がもたらす道徳上の教義についても、何も言われてはいない。つまり、批判は社会の構造に関わるものであって、信仰内容に関わりはしなかったのである。宗教は国家の枠外に出ることになるが、それだからといって宗教は個人から離れはしない。啓蒙主義の主流は無神論ではなく、自然宗教、理神論、あるいはその多くの亜流の何がしかを標榜しようとしたのである。啓蒙期の人々が没頭した世界中のさまざまな信仰の観察や描写は、宗教を拒むことではなく、寛容の態度、良心の自由の擁護へと導くことを目的としていたのである。

古いくびきを投げ捨てたことによって、人間は自分の新しい法と規範を純粋に人間的な手段によって決定することになる。そこにはもはや魔術にも啓示にも占めるべき場所はない。天の高みから降り注ぐ一筋の光明の確かさに取って代わって、人から人へと広がっていく複数の知識の光がやってくることになるのである。勝ち取った最初の自立性（autonomie）は、知識の自立性であった。この自立性が出発点とする原理によれば、それ自体がどれほど確かで威厳に満ちたものであるにしても、どんな権威も批判を免れるものではない。知識は理性と経験という二つの源泉しか持たない。そしてこの二つはともども誰もが接近することができるものである。理性は、人間の行為の動因としてではなく、知識の道具として価値あるものとなることができ、また理性は信仰には対立しても情念とは対立しない。逆にそのことによって情念はよそからやってくる強制から解放されることになる。

知識の解放は科学の開花に向けた王道を開く。だから誰もができれば哲学者ではなく、科学者である人物の後見のもとに身を置きたいと望んだ。次の世紀にダーウィンが演じたのと同様の役割を、啓蒙の世紀にとってニュートンが演じた。物理学は目を見張るような進歩をとげ、化学、生物学、さらには社会学や心理学までもがそれに続いた。こうした新しい思想を推し進める者たちは、できれば知識の光を万人にもたらしたいと望んだ。というのも、それが万人の幸福に寄与することを確信していたからである。知識は解放者である、これが彼らの公理であった。したがって彼らは、学校から始まって科学アカデミーにいたるありとあらゆる形態の教育、そして専門的な出版物という手段や、多くの読者に訴えかける百科事典という手段によって、知識の普及を促した。

自立性の原理は、個人の生活も社会生活も激変させた。各人に自らの宗教の選択を委ねる、良心の自由を求める闘いは新しいものではなかったが、この闘いは絶えずやり直されなければならなかった。そしてこの闘いはさらに、見解、表現、出版の自由の要求へと押し広げられる。人間が法の根拠であると承認することは、同時に人間を、現にある者としてそのまま受け容れることであり、かくあらねばならない者として受け容れることではない。とはいえ、人間は身体と精神、情念と理性、感性と瞑想からなっている。抽象的で理想化されたイメージに満足するのではなく、現実の人々を少しでも観察しさえすれば、人間というものはそれ以上に限りなく多様であることに気づかされるし、このことは国から国へと、または同様に人から人へと視線を移せば確かめられることであった。そのことは、すべての難解な文学以上に、一方における小説、他方における自叙伝といった、個人をその関心の的に置こうとする新しいジャンルが主張しようとしたことである。そこでは人間の行為に関わる永遠の法や、各人の行いの模範的な性格が啓示されることはもはや望まれず、個々の状況に置かれた男たちや女たちを示そうとするのが、このジャンルであった。そのことはまた、神話や宗教といった大仰な主題を取り上げることから、誰にでも共通する活動やもっとも日常的な動作のなかでとらえられた、ごく普通の人間のありようを示すことに関心を移した、絵画が主張しようとしたことでもあった。

個人の自立は、その生活の枠組みの自立へ、さらに個人の作り出す作品へと押し広げられる。それには、幾何学的な要請や実用的な求めにはさらされることのない、森や急流、林のなかの日だまりや丘陵からなる、自然界の発見が伴うことになった。それと並行して、この自立は芸術家たちとその仕事に新しい地位を与えることになる。画家、音楽家、俳優、著作家はもはやただの道化や飾りものでもなければ、たんなる神や王や主人の召使いでも、もはやなかった。そうではなく、彼らは尊敬に値する活動の模範的な化身となる。つまり、創造的な芸術家は自分自身の作品を自分自身で決定し、それを純粋に人間的な享受に当てる。こんな具合に二つの面が強調されることは、同時に感覚的世界に新たな尊厳が与えられることを示すことでもあった。

　自立性の要請は、さらにより深いところで政治社会をも変える。この要請は、世俗的なものと宗教的なものの分離へと展開され、それをなし遂げる。啓蒙の世紀にあって、自立性は最高の行動形態であった。自由に行われた探求をなし遂げた者たちは、その結果を温情厚き君主たちになんとか伝えて、君主たちがその政治を多少なりとも修正できるようにしたのである。ベルリンのフリードリヒ二世[*3]、サンクト・ペテルブルグのエカテリーナ二世[*4]、ウィーンのヨーゼフ二世[*5]に人々が期待したことが、まさにそれであった。君主制の枠内では理性を奨励しはするものの、人民の服従はこれを保持した啓蒙専制君主制を超えて、自立性の要請は二つの原理にたどり着く。その第一は、主権原理である。すでに古くからあるこの原理は、ここでは新たな内容を受け取ることになる。それは、あらゆる権力の源は人民に存するのであって、一般意志に勝るものは何も存在しないというものである。第二は、正当であろうと不当であろうと、それが個人に固有なものである限りは、あらゆる国家権力に対抗することになる、個人の自由の原理である。この自由を確保するために、政治の多元性と相異なる権力間の均衡に注意が払われた。あらゆる場面において、神学的なものと政治的なものの分離がなし遂げられた。そして政治はこれ以降、その固有の基準に則って組織されることになる。

　社会のあらゆる分野が、世俗的になる傾向にあった。依然として信者にとどまっていた諸個人までもがそうであった。こうしたプログラムは政治権力にのみ関わるのではなく、その関わりはさらに司法にまで及んだ。社会が蒙る損害となる違法行為が唯一処罰されるべきものとなり、伝統の目を通して見れば道徳上の過失である原罪とは区別されねばならないとされた。さらにはまた学校は聖職者の権力から取り上げられるよう定められ、その結果啓蒙主義の普及のための場所となり、万人に開かれしたがって無償となり、そして同時に誰にとっても義務となった。それに加えて定期刊行物、これが公共的な論争の場となった。さらに経済、この分野は恣意的な強制から解放されて、財産の自由な流通を許すべきものとなり、過去を背負った特権や身分制度にわずらわされるのではなく、労働の価値と個人の努力に基づくべきものだとされた。こうした変化の全体にもっともふさわしい場所は、大都市であった。都市でなら、個人の自由の活用の場が与えられるし、同時にそうした諸個人には、互いに出会い議論をする機会が与えられるようになる。

　個人の意志は、共同体の意志ともども古い後見から解放される。ということは、そうした意志が現在では完全に自由だということだろうか。自由にはもはや何の制限もないのだろうか。答えは否である。啓蒙の精神は自立性の要請だけに還元されるのではなく、むしろその要請にふさわしいさまざまな調整手段をもたらす。その第一は、自由になった人間の活動の目的に関わるものである。今度は、この目的は地上へと降り立つのである。つまり、もはや神を目指すのではなく、人間を目指すことになる。その意味では、啓蒙思想は一個のヒューマニズム、あるいはそう言ってよければ人間中心主義である。神学者たちが求めていたように、たえず神への愛のために被造物への愛を犠牲にできるように備えておく必要はもうない。自分以外の人間存在を愛することで満足することができるのである。あの世での暮らしがどのようなものであるにせよ、人間は自分がこの世の存在であることに意味を与えねばならないのだ。幸福の探求が、救済の探求に取って代わる。国家自身も神の意志に仕えることなどには取り合わず、市民たちの満足をその目標として立てることになる。その一方で市民の方は、自分の意志に依存する領域においては幸福にどれほどあこがれたとしても、他人からとがめ立てされるエゴイズムを体する者とは見なされない。市民が各々の私生活を大切にし、感情と快楽とが濃密なものになることを求め、情愛と友愛を育むことが当然とされる。

共同体および個人の自由な行動にもたらされた第二の制限は、あらゆる人間がその本性そのものからして他に譲ることのできない諸権利を持っていることを肯定する点にある。啓蒙主義はこの点では、十六世紀と十七世紀に定式化された自然法思想[*6]の遺産を取り込んだ。自分たちの社会の枠組みのなかで市民が享受する諸権利とともに、市民はそれ以外の諸権利をも保持する。この権利は地球のすべての住人に共通であり、したがって万人に共通なものである。文字として記された権利ではないが、それでもやはり絶対的なものである。すべての人間が生きる権利を請求できる。したがって、殺人を犯した犯罪者に科せられる場合であっても、死罪は不当である。私的な殺人が犯罪であれば、公的な殺人は犯罪ではないのだろうか。すべての人は、自分自身の身体が保全される権利を持っている。したがって拷問は、たとえ国家理性の名の下で執行されようともやはり不当である。人類に属するということ、つまり普遍的な人間性に属することは、これこれの社会に属することよりもなおいっそう根本的なことである。自由の行使はしたがって普遍性の要請に含まれることになり、教義と聖遺物から決別した聖性は、これ以降こうして新たに承認された「人権」のうちに具現されることになるのである。

すべての人が一群の同一の権利を所有しているのであれば、当然人間は法的には平等であることになる。平等の要求は、普遍性に由来する。この要求によってわたしたちは、今日まで続いている闘いに関わることが可能となった。その闘いとはつまり、女性は法の前では男性と平等であり、奴隷制は廃止されねばならず、ある人間が自由を放棄することをけっして妥当なものと見なさないことである。また貧しい者、保護の当てのない者、アウトサイダーもその尊厳が認められ、子どもも個人として認められねばならない。

人間の普遍性をこのように承認することは、自分が生まれ育った社会とは別の社会への関心を引き起こす。旅行者であれ学者であれ、彼らも一時は自分の文化に由来する基準で遠い国の人々を判断せざるをえない。ところがその好奇心が目覚めてくると、文明が取りうる形態の多様性が意識されるようになり、情報や分析を集め始め、それによって次第に人類についての彼らの思想が変わることになるのである。時間上の多様性についても同様である。過去は永遠の理想の具現ないしは見本のたんなる総覧であることをやめ、代わりにその各々が固有の一体性と価値を持つ歴史的な時代の継続となる。違った社会の知識と観察者の知識のおかげで、同時に人間は以前ほど無邪気ではない眼差しを自分に向けるようになる。自分が抱く伝統と世界の自然的秩序を混同することはもうなくなった。こうしてフランソワ・モンテスキュー[*7]はペルシャ人を批判することができたのだが、また同時にフランス人を正しい判断力で批判するペルシャ人をイメージすることができたのである。

きわめて大筋なものでしかないが、以上が啓蒙の世紀に形作られた一般的なプログラムであった。このプログラムが登場してから二五〇年後の現在、わたしたちはそれをどのように判断しなければならないのだろうか。二つの点を確認しておくことが必要であるように思われる。一方で、ヨーロッパや啓蒙の精神が影響を及ぼした世界の各地で、啓蒙の精神は疑いの余地もなく、闘いを挑んだ敵に対する勝利を手にした。世界についての知識は、イデオロギー的な排斥を受けることを懸念しすぎることもなく自由に発展した。個人は伝統の権威をもはやそれほど恐れることもなく、私的な空間を自分で管理しようとするようになったが、それとともに大きな表現の自由も享受した。民主主義のもとでは、人民主権が個人の自由を尊重して施行されるが、そうした状態はいたるところで愛すべきモデル、望ましいモデルとなった。その次には普遍的な人権が共通の理想と見なされた。つまり、法の前の平等はあらゆる合法的な国家の規範となるのである。自分の関心を個人的な幸福に向けるか、それとも公共の安寧に向けるかは、誰の感情を害することもない生き方の選択である。もちろんこのことは、そうして掲げられた目標が達成されたことを意味しない。しかしながら理想は受け容れられ、そして今日なお人々は啓蒙の精神で自分自身を奮い立たせながら、既存の秩序を批判しているのである。とはいえ他方では、当てにしていた恩恵がすべて啓蒙思想のプログラムに含まれているわけではなく、かつて表明された約束は守られなかった。とりわけ、二度にわたる世界大戦における殺戮、ヨーロッパや他の地域での全体主義体制、技術開発の人命を脅かす結果を経験した二十世紀は、これまで形作られてきたすべての希望に対して、決定的な否認を突きつけたかのように思われる。それは人々が啓蒙主義を引き合いに出すことをやめてしまうほどであり、ヒューマニズム、解放、進歩、理性、自由意志といった言葉が担っていた思想は、信用を失墜させてしまった。

約束として読むことができたものと今日の世界の現実との間の埋めようのない隔たりのために、わたしたちは第一の結論を出すことを余儀なくされる。つまり、歴史をかたくななまでに楽天的に読み取ることは幻想だということである。ところが確かに、人類の直線的で無限な進歩へのこうした信念こそは、ある種の啓蒙思想家を虜にしたものであった。その重要な先駆者のひとりは英国の詩人ミルトン[*8]であったが、伝統の押しつけに屈し、教師の教えなしにはあえて前に進もうとはしない小学生のように故意に幼少期にとどまっている人類を、彼は遺憾とした。ミルトンは、理性を自由に用いることによって人類はついには成年期に達するという希望を表明したのである。フランスではテュルゴー[*9]が、『人間精神の継起的発展に関する哲学図表』(一七五〇年)と題された講演を行って、「習俗は穏やかなものとなり、人間精神は啓発され、バラバラだった諸民族は互いに接近する。〔…〕人類全体がゆっくりした歩みであるにせよ、より大いなる完全性に向かってたえず歩んでいる」と表明した(この一文をしたためたとき、著者は実は齢二三歳であった!)[(1)]。他方で、ヴォルテール[*10]やダランベール[*11]がそれなりの慎重さをともなってではあるが、やがてこの同じ道程をたどることになる。レッシング[*12]は『人類の教育』(一七八〇年)で進歩の思想に賛意を表明することになる。恐怖政治によってもたらされた迫害期(一七九三年)に潜伏場所に身を潜め、思想上の遺言書を認めていたコンドルセ[*13]は、それに『人間精神進歩の歴史的素描』のタイトルを与える。これらの著者は誰もが、文化と知識の広がりによって人類は、遅延や遅滞はあっても成年期に達するものと信じていた。歴史をなんらかの意図が達成されるものと見るこうした見方は、ヘーゲル、次いでマルクスによって受け継がれて強化され、とりわけ後者のおかげで、共産主義の教義へと流れこんだ。

とはいえ、このような信念を啓蒙思想に帰そうとすれば、過ちを犯すことになるだろう。実際、テュルゴーやレッシングの選択は、表明された時点でそれ自体が疑問視されていた。ヒューム[*14]やメンデルスゾーン[*15]といった、他の著作家たちは完成へと向かう機械的な歩みへの信仰を共有してはいなかった。そうした信念は、摂理の道筋についてのキリスト教的な教説を、世俗的な領域に移しかえた残り滓でしかない。彼らは、歴史をなんらかの意図の実現として読むことを拒んだのである。こうした考え方に真っ向から刃向かったのが、啓蒙期におけるフランス語を用いたもっとも深遠な思想家、ジャン＝ジャック・ルソー[*16]である。ルソーにとって、人類の際だった点は進歩へ向けて歩むことではなく、完成能力（perfectibilité）にある。すなわちそれは、世界を改良するのと同じように自分をより良いものとする能力であるが、その結果は保証されてもいなければ、かといって取り返しのつかないものでもない。こうした特性は、あらゆる努力に根拠を与えはするが、いかなる成功も請け合うことはないのである。

　さらに、各々の進歩は確実に、その他の領域では退歩という対価が支払われるとルソーは考えており、ルソーの『不平等起源論』（一七五五年）にはこの種の定式が溢れている。偶然は「種を損なうことによって人間の理性を完成し、人間を社会的にすることによって邪悪な存在にし[(2)]」、「それ〔世界の真の成年期〕以後のすべての進歩は、外見は個体の完成へと向かいながらも、実は類の老衰へと向かって歩んだ[(3)]」。人よりも抜きんでたいという欲求が、「人間のなかにあるもっとも良いものともっとも悪いもの、われわれの美徳と悪徳[(4)]」の元凶である、というのである。とは言っても、退廃が人類の歩む唯一の道筋だとルソーが明言しているわけでもなければ、また時として人が思うように、過去に立ち返ることを勧めているわけでもない。ルソーが注意を喚起したのは、まさに肯定的および否定的な諸結果の相関性である。こうした二重の運動が起こる理由は、人間のあり方そのものにある。人間にとって固有なものは、自分自身を変え、世界を変えることができる、ある種の自由が備わっていることであり、人間をして善悪をなし遂げるようにさせるのがこの自由なのである。人間の最大の成功の原因であるが、その不幸の源でもあるのが、そうした人間の完成能力そのものである。「人間の知識の光と誤謬、悪徳と美徳」(5)を花咲かせるのがこの能力である。人間にとって固有なものは、他者の眼差しから自分自身が存在しているとの感情を引き出す点にある。人はこの感情なしにすますことはできない。ところが、この欲求は愛情としても暴力としても、ともにどのような形でも表現される。愛の告白を拒まれたためにガソリンをぶちまき、女の子に火をつける男の子たちもなにか別の理由があってそうするわけではない。「善も悪も同じ源から流れ出る」(6)と、ルソーは結論するのである。

したがって、直線的な進歩へのあらゆる希望は虚しいものである。社会的と言われる問題は、政党や政府が気の利いた改革で一挙に解決できるような、その場限りの障害が本質なのではなく、わたしたち人間のあり方の結果である。今日では、ルソーが正しく物事を見ていたこと、完成能力を熱望することは進歩への信仰を意味するものではないことを、わたしたちは確認できるだろう。科学や技術の前進が必然的に道徳的、政治的な向上をもたらしはしないだけでなく、さらにそうした前進そのものには直線的なものは何もなく、前進は突然未経験なものとして立ち現れることがある。自分たちの必要や欲求になお一層適合させるために世界を変えようと企てて、人類は往々にして悪魔の見習いとおぼしき人物を呼び起こす。この変革の手先たちは目先の結果を予測することはできるが、数十年後に不意に襲ってくる最終的な帰結にまでは思い至ることはない。核分裂の例は誰もが知ってはいるが、あまりにも単純化された形で知られているにすぎない。ついにこれを発見した科学者たちは、広島や長崎の恐怖を想像することはできなかったが、その仕事がどのように使われるだろうかとの不安はただちに看取された。とはいえ、人間の遺伝子コードを明らかにした生物学者は、明日その結果が悪用される危険があることを理由に、その研究をやめなければならないのだろうか。わたしたちのごく身の回りでも、自動車の洗練されたエンジンは地球の気候の混乱に拍車をかける有毒ガスを排出し、わたしたちの骨の折れる仕事を軽減してくれる機械は、失業を生み出すとともにますます多くのエネルギーを消費する。征服にはすべてその代償がつきまとう。

啓蒙の精神は、抑圧的な外部の後見から人類を解放する知識に賛辞を呈した。だがそれは、すべてが決定されていて、したがってすべてが認識可能なのだから、人間は世界をまるごとコントロールし、自分たちの欲求に合致するように世界に手を加えることを学べるようになるという意味ではない。物質の複雑さはもっとも野心的な科学的仮定であっても、けっしてそれに対する謙虚さを捨て去ってはならない類のものである。「結果といわれるものの大部分はきわめて突拍子もない道筋をたどってもたらされ、あまりにも知覚不能であるかあるいは予測がつかないほどかけ離れた原因に依存している」(7)、とモンテスキューは『義務論』に記した。このことは社会の研究にあたっては、社会に固有の原因からしてなおのこと真実であった。その原因とは、人類が持つあの自由そのものにほかならない。人類はその固有の本性に逆らうことはできないし、したがって予測不可能な仕方で行動する。「人間は、物質的存在としては、他の物体と同じく、不変の法により支配されている。知的存在としては、人間は神の定めた法をたえず犯し、また自らの定める法を変更する」(8)のである。人間社会に関する知識には、すべての意志を予見し、コントロールすることができない不可能性がたえずつきまとう。その一方で個人の意志には、自分自身の行動の理由を知ることができない不可能性がつきまとう。人生において自分自身が愛すべき対象を選ぶこと以上に大切なことがあるだろうか。ところが意志にも知識にも、この選択の秘密を徹底的に見通すことなどできはしないのだ。まさしくそのために、政治的なものであれ技術的なものであれ、あらゆるユートピア思想は失敗を運命づけられているのである。

もしわたしたちが今日、直面している困難に立ち向かうために啓蒙思想になんらかの支えを見いだそうと望んだとしても、十八世紀に立てられた諸命題をそのままの姿で受け容れることはできない。たんに世界が変わったからというのではなく、この思想が多様なものであって単一なものではないからである。わたしたちにとって必要なのは、むしろ啓蒙主義の再構築である。それは過去の遺産を守ることではあるが、この思想を批判的検討にさらし、その望ましい帰結と望ましくない帰結をはっきりと対比させながら、そうするのである。この批判的検討により、わたしたちは啓蒙主義を裏切る恐れがなくなり、真実はむしろその逆となる。わたしたちが啓蒙思想に忠実でいられるのは、それを批判することによってなのであるから、その教えを活かすことにしよう。

第二章　拒絶と逸脱

　啓蒙思想が形成された時期から、また十八世紀においても、啓蒙思想はすでに多くの批判の対象であった。時にはその原理までもが拒絶された。啓蒙主義の支持者たちの思想が公にされたその瞬間に、この思想はカトリック教会当局や公権力といった、彼らが闘った当の相手からお決まりの非難を呼び起こした。十八世紀の末には、その間に突発的に起こった政治的な事件の結果、そうした反動はさらに力を強めた。二つの等式が立てられた。それはこうである。啓蒙主義イコール革命、革命イコール恐怖政治というものであり、この等式によって、啓蒙主義に対する決定的な非難が導き出された。「革命は人権宣言によって開始された[1]」、もっとも熱心な啓蒙主義の反対者の一人、ルイ・ド・ボナルド[*1]はそう断言した。というのも、まさしく革命は血に染まって終焉したからであった。啓蒙主義の欠陥は、その理想の源として神の座に人間を、集団の伝統の座に各人が自由に用いる理性を、ヒエラルキーの座に平等を、単一性の崇拝の座に多様性の崇拝を据えたことであった。

ボナルド、あるいは王政復古期の他の保守派が啓蒙主義に与えたイメージは、大筋では以上の通りである。啓蒙思想が人間、自由あるいは平等を強調したことは事実である。したがってわたしたちはここで、社会の諸原理や理想についての根本的な不一致という、真っ向からの対立に関わることになる。この場合、啓蒙主義の拒絶を語ることは妥当であろう。しかし往々にして状況は異なるものである。啓蒙主義に向けられた批判は、批判する際に啓蒙の精神を脇に置くか、むしろ正確に言えば、その戯画化されたものの一つに向けられるのである。ところでこうした戯画化、あるいはもっと中立的な言い方をすれば、そうした逸脱（十八世紀であればむしろ改竄と言っただろう）は実際にあったことである。ここでもまた、そうした批判が最初に表明された時期にさかのぼることができる。啓蒙主義はある人々からはやり過ぎと、また別の人々からはやらなさ過ぎと批判された。モンテスキューのような人物は、自分が掲げて闘った原理そのものが悪い結果をもたらすことを十分に意識し、理性の乱用や自由がもたらす有害な結果に注意を払っていた。そのためモンテスキューは自分を家の三階に住む人物にたとえた。そうした者は、モンテスキューによれば、「階上からの騒音と階下からの煙で耐えがたい思いをする」(2)ことになる。他方で、ルソーはかたくなな信者たちとの論争をやめるやただちに、自分が「近代の唯物論者たち」(3)を相手にした論争に入らなければならないことを十分に知り尽くしていた。かなり頻繁に拒絶の対象とされたのはここに示されたような逸脱であって、啓蒙思想そのものではなかったのである。

そうしたケースをこれまでわたしたちは見てきたわけだが、人間とその社会の完成能力を肯定することは、啓蒙の精神に属する。反対に、原罪のために人間は決定的に堕落したと考える人々からは、そうした考えは拒絶された。けれども思想には、それが担う意味から逸脱することが起こりうる。機械的進歩が人類史に固有のものであると主張することが、その例である。そこでは考え方が単純化され、硬直化され、そして同時に極限にまで推し進められる。その次には、今度は逆の場合から生じるさまざまな事例を寄せ集めて進歩主義が拒絶され、人々は啓蒙思想そのものが拒絶されたものと思い込んだ。だが実際には、啓蒙思想の反対者たちの誰かに反論を加えていたのである。啓蒙思想は稜線の尾根道、あるいはそう言った方がよければ、三人の人物によっていつでも演じられる戯曲のようなものである。

啓蒙主義に向けられた常套的非難の一つは、十九世紀から二十世紀前半にかけてのヨーロッパの植民地主義にイデオロギー的根拠を与えた、というものである。議論の立て方はこうである。啓蒙主義は人類の単一性を、したがって価値に関する普遍性を肯定した。優れた価値の保有者たることを自認していたヨーロッパ諸国は、自分たちの文明を自分よりもその恩恵に浴していない人々にもたらすことが許されると信じた。こうした企図の成功を確かめるために、そういう人々が住んでいた領土を彼らは占拠しなければならなかった……。

思想史のごく表面的な見方だけでは、実際に啓蒙思想がその後の侵略を準備したと、わたしたちは信じ込んでしまうだろう。コンドルセは、文明化された国民には一個の使命、知識の光を万人にもたらす使命が課せられていると確信していた。「ヨーロッパ人は、〔…〕今なお広大な国々を占めている野蛮な国民たちを文明化しなければならず、さもなければ征服せずに消滅させねばならないのではないだろうか(4)」。コンドルセが夢見たのは均質な世界国家の建設であり、ヨーロッパ人の発言がそこでリードするであろうと、彼は考えた。また確かに数年後に、フランスの植民地主義のイデオローグはこの種の議論に訴え、まるで子どもを育てる義務を負っているかのように、今なお未開の人々を援助する義務を負っていると、それを正当化した。一八七四年、経済学者、社会学者、コレージュ・ド・フランス教授で植民地主義の支持者の一人、ポール・ルロア＝ボーリュウ*2は、「植民地化は、社会的次元において、家庭的次元における子作りとは言わないが教育に相当する(5)」と書いた。数年後（一八九一年）ボーリュウは、これは火急の必要への対応であり、「地球のほぼ半分は、原始か野蛮な状態にあり、文明化した諸民族による体系的で根気強い行動を願い求めていることに人々は気づき始めている(6)」と述べた。フランスにおける無償教育・義務教育の支持者ジュール・フェリー*3が、同年代にインドシナや北アフリカにおける植民地的征服の提唱者になったのも偶然ではなかった。フランス人やイギリス人のようなすぐれた民族は、彼によれば、他の民族に対して口出しする責務を負っているのである。「こうした民族は劣った民族を文明化する責務がある(7)」からである。

とはいえ、これらの言葉を軽々しく信じるべきかどうかは定かではない。彼らが示しているのは、啓蒙主義の理想が当時にあってはそれなりの威厳を保っていたということであり、また危険な企てに身を投ずる際にこの思想を自分の懐に入れたがったということである。十六世紀のスペインやポルトガルの入植者たちも、自分たちの征服を正当化しようとしてキリスト教を広める必要を引き合いに出した。ところが入植者たちが自分たちの行動をだんだんと擁護せざるをえない羽目になると、彼らは急速に人道主義的議論を手放してしまう。十九世紀半ばにおけるアルジェリアの征服者、ビュゴー元帥[*4]は議会でアルジェリア人の虐殺の責任をとらせられることになった際にも、あえて虚勢を張ろうとはしなかった。「囚われの身となり、傷ついた我が兵たちの首をはねる外国人のための馬鹿げた博愛主義よりも、わたしはいつでもフランスの利益の方を選ぶ[(8)]」、と述べたのである。当時議員として同じ議会で発言したトックヴィル[*5]も共同歩調をとった。「ビュゴー元帥氏の主たる功績が博愛主義者であることに存するとはわたしは思わない。然り、わたしはそんなことは信じない。わたしが信ずるところとは、ビュゴー元帥氏がアフリカの地において自国のために大いなる貢献をもたらしたことである[(9)]」。

ジュール・フェリーの方は、啓蒙主義の諸原理への裏切りだとの議会反対派からの抗議を受けて窮地に立つと譲歩して、「それは政治の問題でも、歴史の問題でもない、それは政治形而上学の問題だ[(10)]」と言わざるをえなかった。植民地化政策は啓蒙主義の理想の背後に身を隠していたのだが、実際にはそれはたんなる国益の名の下で振る舞っていたのだ。ところでナショナリズムは啓蒙主義の産物ではなく、最良の場合でもそれからの逸脱であった。啓蒙主義は人民主権に対していかなる制限も認めていなかった。この点で反植民地主義運動は、とりわけ人間の普遍性、諸民族間の平等、個人の自由を主張する点において、啓蒙主義の諸原理から直接着想を得ていたのである。十九世紀から二十世紀にかけてのヨーロッパの植民地主義は、したがって以上のような驚くべき、また潜在的には自己破産的特徴を有していた。すなわちこの植民地主義は、啓蒙主義の反対者に霊感を与えるような啓蒙思想を踏襲していたのである。

啓蒙の精神に向けられたとくに重大なもうひとつ別の非難は、数百万の人々に加えられた一連の大量殺戮、投獄、苦痛をともなった二十世紀の全体主義を、意図的ではなかったにせよ生み出したというものである。この場合、議論はおおよそ次のような表現形式をとった。神を投げ捨て、人間たちは自分自身を善悪の基準として選んだ。世界を理解するその能力に陶酔し、人間たちは自分たちの理想に合うように世界を作り直そうとした。そうしながら、人間たちはためらうことなく、地上の人口の大部分を消し去るかあるいは奴隷に貶めた。全体主義の悪行を介した啓蒙思想へのこうした批判が、所属する教会は異なるものの、幾人かのキリスト教作家から実際になされた。この種の批判は、たとえば一九三九年に『キリスト教社会の理想』と題されたエッセーを著した詩人、T・S・エリオット[*6]のようなイギリス国教会派にも、一九七八年にハーヴァード

〔大学〕での講演でそうした批判を披瀝した反体制派のアレクサンドル・ソルジェニーツィン*7のようなロシアのギリシア正教会派の中にも、さらにはヨハネ・パウロ二世*8の著作（わたしはここでは死の直前に仕上げられた彼の最後の著書、『記憶とアイデンティティ(11)』を引用する）にも見受けられる。

第二次世界大戦、わけてもドイツとイギリスとの戦争が勃発した際に著書を著したエリオットは、全体主義に唯一真に対抗するものは正統キリスト教社会からもたらされることを示そうと試みた。第三の解決策はない。「神を（そしてこの神は妬み深い神であるが）受け容れたくなければ、ヒットラーかスターリンに屈服せざるをえないだろう(12)」、と言う。エリオットの言にもかかわらず、神の拒絶は啓蒙主義のなせる業であり、啓蒙主義は近代国家を純粋に人間的な基礎の上に樹立することを可能としたのである。ソルジェニーツィンにあっては非難はより強い調子でなされている。ソルジェニーツィンによれば、全体主義の源として見いだされるのは「西欧社会を支配し、ルネサンス期に生まれ、啓蒙期から政治の鋳型に流し込まれ、国家と社会に関するあらゆる科学の基礎となり、〈合理主義的ヒューマニズム〉と呼ぶことができ、人間の上位に位置するあらゆる力に関しては人間の自立を宣言し、実現する世界観、あるいはさらに、そして別言するならば人間を存在するものの中心とする考え方である〈人間中心主義(13)〉」である。だが一方が自動的に他方を導くからといって、今理想を取り替える時なのだろうか。「今日、啓蒙期に固められた定式にしがみつくこと、それは自分が反動的であることを示すものだ[14]」とソルジェニーツィンは結論する。

ヨハネ・パウロ二世が描き出した系統図もこれと大差ない。全体主義において働いている「悪のイデオロギー」は、ルネサンス、デカルト哲学、啓蒙思想といった西欧思想の歴史に由来する。この思想の誤りは、救いを求める代わりに、幸福を求めたことである。「人間は、自分自身の歴史と自分自身の文化の唯一の創り手、何が善であり、何が悪であるかを決定する唯一の者として、一人きりになってしまった[15]」。ここからガス室へはほんの一歩である。「人間が自分自身で何が善であり、何が悪であるかを決められるのであれば、人間はひとまとまりの人間を無にするように命じることもできる」。「西欧啓蒙思想のドラマ」とは、神を拒絶したことであり、そこから「やがて到来することになる悪の荒廃的な諸経験への途が開かれた[16]」、と言うのである。

歴史についてのこうした見方にあっては、全体主義国家と民主主義国家の違いは曖昧にされてしまう。というのも、両者はともども啓蒙思想にその共通の起源を見いだすからである。エリオットにとって、こうした違いは重要ではあっても二義的なものであり、どちらもともに同じ無神論、同じ個人主義、同じ物質的利益への心酔を分け持つものである。ソルジェニーツィンによれば、これらは同じモデルの変種でしかない。「東側ではわれわれの内面生活を踏みにじる党のドンチャン騒ぎ、西側では市場のドンチャン騒ぎとなる。恐ろしいのは、分裂した世界という事実そのものではなく、道徳上の諸原理がそのために同様の病魔に冒されることだ[17]」、と彼は言う。西欧社会の特質である道徳上の寛容さが、ヨハネ・パウロ二世には「民主主義の外見の下に隠された別の形の全体主義[18]」に映る。全体主義的マルクス主義と西欧民主主義は、物質的成功のみを羨望する、同種のイデオロギーのほぼ区別しがたい変種である。そして、「議会が、生まれてくる子どもを隠滅することを承認し、妊娠中絶を認可すれば[19]」、ヒットラーに全権を委ねて《最終的解決》への途を開いたあのもう一つの議会と大差ないことになるのである。

啓蒙主義に向けられたさまざまな非難を、ここでは選別する必要があるだろう。まず、植民地主義に肩入れすることになった場合のように、権威を持ったイデオロギーはカムフラージュの役割を果たすことを指摘しなければならない。ナチズムとは異なり、共産主義は実際に栄光ある遺産をよりどころとした。だがその大げさなプログラムよりもむしろ共産主義社会の実態を観察するならば、啓蒙主義の痕跡を見いだすのは困難である。個人の自立はそこでは無とされ、平等の原理は権力中枢における不動のヒエラルキーの遍在によって踏みにじられ、知識の探求はイデオロギー的ドグマに服従させられ（遺伝学や相対性理論はブルジョアジーのドグマとして、取り締まりの対象とされた）、諸々の宣言に表された《ヒューマニズム》は幻影とされた。個人的な幸福の追求に身を捧げるよりも、むしろ各人ははるか彼方の集団的救済という祭壇に身を捧げるよう強制されたのである。共産主義は豊かな社会を産み出すのが大の苦手であったから、物質的な価値が勝利を収めるどころではなかった。事実、共産主義はむしろ一個の政治的宗教であり、これが啓蒙の精神や民主主義とはきわめて異なる点である。

こうした啓蒙主義のたんなる装飾的な使い方とは別に、共産主義はむしろ逸脱に連なる別の使い方を導入した。この点では、そうした逸脱を非難することは正当である。しかし、そうした批判は実際には啓蒙主義に向けられたものではなかった。自立への要求のおかげで知識は道徳の後見から、そして真理の探究は善の至上命令から引き離された。極限まで推し進められると、こうした要求はその欲望を法外なまでに増大させ、今や社会に諸々の価値を教え込むのはこの知識となる。そうした科学主義が二十世紀の全体主義体制によってその暴力を正当化するために実際に用いられるようになった。科学が明らかにした歴史法則はブルジョアジーの根絶を告げているとの口実で、共産主義はためらうことなくこの階級に属するメンバーを根絶しようとした。科学が明らかにした生物学の法則はある種の「民族」が劣っていることを証明しているとの口実で、ナチは自分たちがそのメンバーだと特定した人々に死をもたらした。民主主義国家では、こうした暴力は考えられない。もちろんあれこれの選択を正当化するためにやはり科学の権威が援用される。科学主義は危険である、それは確かなことだ。しかしながら啓蒙思想から科学主義を結論づけることはできない。それというのも、すでに見たように、啓蒙思想は科学者の眼前の世界が完全に透明だと信じたり、また同時に理想はただ世界を観察することから（あるべきものがあるところのものから）生じると考えたりすることを拒否するからである。啓蒙主義からの逸脱としての科学主義は、啓蒙主義の分身ではなく、その敵である。

エリオット、ソルジェニーツィン、ヨハネ・パウロ二世、あるいは他の批判者たちが示した啓蒙の精神のいくつかの特徴は確かに存在し、それは実際に啓蒙主義のアイデンティティ、すなわち、自立、人間中心主義、政治と道徳がまったく人間に根ざすこと、権威を論拠とするよりも理性を論拠とすることに対応している。この場合、拒絶の対象は厳として実在する。しかしだからといって、この拒絶に根拠があるのだろうか。ヨハネ・パウロ二世は、啓蒙主義の血を引いた道徳は、神の御言葉に客観的に根拠を置くがゆえに揺るぐことのないキリスト教道徳とは異なり、まったく主観的なものであり、したがってただ意志にのみ依存し、権力を有する者の圧力に屈しやすいと非難する。しかしながら、後者のキリスト教道徳の客観性がはたして本当に現実的なものかどうかを問いただすことが可能である。というのも、誰も神とのじきじきの契約をうまい具合に利用することはできず、純粋に人間的な権威によって担保された仲介者、神意を知ると称する預言者、神学者にそれを任せざるをえないからである。一個の宗教の正統性はなにがしかの伝承をわたしたちに伝える一群の人々に依存する。啓蒙主義の道徳、それは主観的なものではなく相互主観的なものである。すなわち善悪の原理は、潜在的な全人類の同意、コンセンサスの対象であり、それを人は同様に普遍的な人間的特質に基づく、理性的な議論を交わすことによって打ち立てる。啓蒙主義の道徳は私のエゴイスティックな愛からではなく、人類に対する敬意から生じるのである。

それを人が悔やむにせよ悔やまないにせよ、啓蒙主義に固有な正義の考え方は批判者たちが思い抱くほど革命的なものではない。法は確かに、人民の自立した意志の表現である、しかし、この意志はいくつかの限界によって抑制されている。古代人の考えに忠実であったモンテスキューは、正義は法に先立ち、法に優先すると述べた。「正義は人間の法に服従するものではなく、理性的存在者たちの実在とその社会性に基づくのであって、これら存在者の意向や意志に基づくものではない」、とモンテスキューは『義務論』に記した。そして『法の精神』では、「実定法が命じたり禁じたりすること以外には、正しいことも正しくないこともないと言うのは、円を描いてもいないのに、すべての半径は等しくないと言うようなものである」[20]と言う。ロシアでブルジョアジーや富農を、ドイツでユダヤ人やロマーニを迫害した法は正義の原理に背くものであった。この原理はたんに広いコンセンサスの対象であるだけでなく（一部の住民を優遇するために他の住民を皆殺しにしなければならないことを認めるのは、誰であろうとためらうものだ）、さらに大部分の民主主義国家では、憲法あるいはその前文に記されているものである。人民の意志は自立しており、それは恣意的なものではない。

啓蒙主義の拒絶と啓蒙主義からの逸脱は、したがって互いに混同されるものではなく、それらと闘うために同じ議論を引き合いに出すことはできない。移り変わるもの、それは相対的な重要度である。啓蒙思想の獲得物に依拠する反対者は、啓蒙思想を外部から攻撃する者ほどかつては脅威ではなかった。今日ではその逆が真なりである。とはいえ、両者の危険がどんな時でも現存しており、今日、啓蒙の精神を標榜する者が二つの戦線で自分自身を擁護せざるをえない状況に置かれているのは偶然ではない。そのために女性擁護団体は、「娼婦でもなく、公娼でもなく」というように、二重の否定を用いて自分自身を定義する。女性を服従させることは啓蒙思想の拒絶であり、女性を売春に貶めるのは啓蒙思想が求める自由からの逸脱である。いくつかある途のある一つを拒絶して、別の一つを受け容れねばならないということは正しくない。自立への途も、ヒューマニズムへの途も、そして普遍性への途も同じように開かれていなければならないのである。

これらの論争のいくつかをここで取り上げ、もう少し仔細に観察することにしよう。

第三章　自立

啓蒙主義がなし遂げた大変革の起点には肯定的なものと否定的なもの、外部から科せられた規範からの解放とわたしたち自身が選択した新たな規範の創設という二重の運動があった。良き市民とは、「自分自身の判断に〔よる格率に〕従って振る舞う[1]」ことを身につけている者である、とルソーは書いた。『百科全書』と同時期のある論文でディドロ*1は、その理想の英雄の肖像をこのように描き出した。「偏見、伝統、古さ、万人が認める同意、権威、つまり一口に言って、多くの精神をおさえこんでいるあらゆるものを踏みしだき、あえて自分自身で考えようとする、フィロゾフ[2]」、がそれである。このフィロゾフ〔哲学者〕は議論なしにはいかなる主人に従うこともよしとせず、どんな時でも誰もが理解できるもの、感官の証言と理性を働かせる能力に自分を基づかせる方を選ぶ。世紀末にカントは、啓蒙主義の第一原理はこうした自立への同意に存することを確認することになる。「〈自分自身の悟性を用いる勇気を持て〉、これが啓蒙の標語である[3]」、とカントは言い、「自分でものを考えるという格率が啓蒙である[4]」、と続ける。

あらゆる事柄は「等しく批判の対象である」[5]、とディドロは付け加える。道徳科学や政治科学については、「あえてすべてを検討し、すべてを論じ、すべてを教えさえしなければならない」[6]、とコンドルセは強調する。そしてカントは、「われわれの世紀はまことに批判の世紀であり、いっさいのものが批判を受けなければならない」[7]、と結論する。このことは、人間存在があらゆる伝統、つまり先人から伝えられたすべての遺産なしで済ませられることを意味しない。すなわち、ひとつの文化のうちに生きることが人間の自然状態なのである。あるいは文化というものは、言語から始まって先行する人々によって各人に伝えられるものである。先入見なしに人が理性を働かせられると想像するのは、偏見の最たるものである。伝統は人間存在を構成するが、ただ伝統のみでは正当な原理あるいは真なる命題を形作るには十分ではない。

このような選択には明らかに政治的な諸結果がともなう。人民は諸個人から構成されるが、もしこの人々が自分でものを考え始めるならば、人民全体は自分自身の運命をその手に引き受けることになるだろう。政治権力の起源と正統性をめぐる問題は新しいものではない。二つの主要な解釈が十八世紀では相対峙していた。一方の側に従えば、国王はその王冠を神から――この起源から最終受取人との間に想定しなければならない仲介者の数がどれだけあるにせよ――授与された。神権を後ろ盾にした君主、彼は地上の人民を斟酌する必要はない。理性、自然あるいは原初の契約に訴える他方の側に従えば、権力の源は人民に、共通の権利に、そして全体の利益に存する。神は自由な人間を創造し、人間に理性を付与した。「自由な魂を持つと見なされるあらゆる人間は自分自身によって統治されるべきである」[8]、モンテスキューはそう書いた。このことは、国王たちを打ち倒さなければならないということを意味するものではない。数の多さそのものが災いして人民は自分自身を導くことができず、この権力を君主に委ねたというのがこの時代に支配的な見解であった。君主は至上の権力をもって統治するが、それだからといって無責任でいてよいのではない。その支配は国の利益に奉仕しなければならないのである。

ルソーが介入することになるのは、まさしくこうした文脈においてである。ルソーの急進的な思想は『社会契約論』に表現されている。ルソーはたんにすべての権力の神的な起源ではなく、その人間的な起源を断固として選択するばかりでなく、この権力は譲り渡すことのできないものであり、奉仕者にたいしてなされるように、たんに委譲されるにすぎないとする。ルソーが言うように、この権力は譲渡不能である。一時的に政治権力に貸し与えるものなのだから、人民はいつでもそれを取り返すことができる。唯一至当な源泉である全体の利益は、ルソーが一般意志と呼ぶもののうちに表現される。ついで、この意志が法に表現される。「立法権は人民に属し、人民以外の何ものにも属しえない」[9]。法によって支配される国家を「共和国」と呼ぶのであれば、その際「正当な政府はすべて共和的である」[10]、とルソーは言う。ルソーの言わんとするところは、権力がたとえ王によって執行されたとしても、権力は本来人民に属するものであり、すぐに取り返せることを人民は忘れてしまっているということである。数年後、英国の植民地で、一部の人々がこの理論から不可避の結論を引き出し、自分たちで自由に政府を選ぶ権利を宣することになる。そうしてルソーの意味での近代最初の共和国が生まれ、アメリカ合衆国と名付けられた。さらに数年後には、同じ思想がフランス革命の当事者たちによって掲げられることになるのである。

人民の解放と並行して、個人がやはりその自立を獲得する。個人は、先行する権威に頭を垂れることなく世界の知識へと足を踏み入れ、自由に自分の宗教を選び、自分の思想を公共の場で表明し、その個人生活を自分で思うがまま組織することができる。伝統との関わりから見れば、啓蒙思想家たちが経験や理性に特権的な役割を与えたからといって、彼らが人間の本性についての仮説にまでこの要請を敷衍したと考える必要はない。わたしたち人間が理性的でないことを彼らは知り尽くしていた。ヒュームは「理性は情念の奴隷であり、またただそうであるべきものである[11]」と断言し、その上で「指の一掻きよりも全世界の破壊を選ぶことも理性に反しはしない[12]」と、どんな時でも理性が適切に用いられるものではないことを確認する。すなわち、理性は善悪とは無関係に用いられる道具なのである。大罪を犯すには、犯罪者は大いなる理性の能力を発揮しなければならない。人間はその意志、欲望、感情、良心、さらには人間がいかんともなしがたい諸力に導かれている。にもかかわらず、真なるもの、正しきものの探求に踏み入るならば、理性はそうしたものを明らかにすることができるのである。

　自立は望ましいものではある、しかし自立はそれだけで自足するものではない。人々は社会の中で生まれ、生き、死ぬ。社会なしに、人は人間になりようがない。子どもに注がれた眼差しこそが子どもの意識の源であり、他者からの呼びかけこそが言語を通じて子どもの意識を目覚めさせる。それなしにすますことができない、人が存在するという感覚そのものも他者との相互作用に由来する。人間には誰もが生来何らかの不十分さが科せられているが、人間は自分を取り巻く他者と結び合いながら、またそうした人々の愛情に訴えかけながらそうした不完全さを埋めようとするのである。そうした必要をもっとも強力に表明したのは、またしてもルソーであった。ルソーの証言はとくに貴重である。なぜなら、個人としてのルソーは他人といると居心地が悪く、人を避けたがる。だが孤独はやはり、離れようにも離れられない、あの公共生活の一形態なのである。「わたしたちのもっとも穏やかな存在も相対的かつ公共的であり、わたしたちの真の〈自我〉はまったくわたしたちの内には存在しない。つまりこれが、他者の協力なしには自分からその十全たる享受にたどり着くことができないこの世における人間のあり方なのである」(13)、とルソーは言う。これは、社会における生活すべてが良いという意味ではない。ルソーは時代の風潮、世論、風聞の圧力下の自己疎外について、たえずわたしたちに警鐘を鳴らし続けた。他者の眼差しの下でしか生きられないために、人々は存在（être）を忘失し、ただ外見（paraître）のみを気遣い、公衆に我が身をさらすことを唯一の目的とする。「名声への欲望」、「自分の噂をしてもらいたいというあの熱望」、「人よりも抜きんでたいというあの熱狂」[14]が彼らの行動の主要な動機となるのだが、そうした行動は付和雷同ぶりをつのらせるとともに意味を失うのである。

こうした一種の思想の逸脱は、それが形作られた時点そのもので開始される。それはサドの作品のなかに見いだされるのだが、孤独は人間存在の真実を語る、とサドは主張する。「われわれはすべて孤立して生まれるのではないだろうか。さらに言えば、われわれは互いに敵であり、互いに永久にくり返す戦いの状態のなかにあるのではないだろうか」[15]。こうした始原の状態からサドは、人生の規則として自足を打ち立てる必要を結論する。何にもまして大事なのは、わたしの快楽であって、他人の闖入から自分を守るための除けば、わたしは他人を斟酌などしはしない。こうしたサドの定式がたんに啓蒙の精神に反するばかりか、たんなる常識にすら反することが分からない人がいるだろうか。子どもが独りきりで（母親もなしに）生まれるのを、わけても世の中を独力で生きながらえるのを、誰かどこかで見たことがあっただろうか。人間はまさにその子どもが最小限の自立を手に入れるのが一番遅い動物種であって、見捨てられた子どもは世話を受けられなければ死に至るのであって、「永久にくり返す戦いの状態」の結果としてではない。この長期にわたる脆さは、反対にすべての人間の習慣となる共感の起源となりうるものなのである。

まったく真実みを欠いているにもかかわらず、サドのこうした宣言は次の世紀には、人間は根本的かつ本質的に唯一者だと声をそろえて主張する作家たちの間で大成功を収めた（それにしても彼らは子どもたちが生まれ、育つのをそれまでに見たことがあったのだろうか）。一例をあげるにとどめるが、モーリス・ブランショ[*2]が『ロートレアモンとサド[*3]』で、ジョルジュ・バタイユ[*4]が『エロティシズム[(16)]』で、この点をサドの大きな功績と見ている。ブランショによれば、サドにあってすべては「絶対の孤独という根本的事実に基づいている。サドはこのことを語り、あらゆる形でこのことをくり返した。自然はわたしたち人間を孤独なものとして誕生させたのであり、ひとりの人間と他の人間とのあいだにはいかなる種類の関係もない。〔…〕真の人間はおのれが孤独であることを知っており、孤独であることを承認する[(17)]」。ブランショのこの文章を引用したバタイユは、次のように同意する。「サドが代弁者となった孤独な人間は、その同胞をいかなる意味においても眼中に置かない[(18)]」。それだからこそ、この作家〔サド〕には感謝しなければならないのであろう、「他者がものの数に入らないような人間のイメージが、そっくりそのままわたしたちに与えられることになった[(19)]」のだから、とバタイユは付け加える。

バタイユ流に解釈されたサドによれば、個人の至高性はまさしく自己を除く他のすべての主体の否定のうちに表される。「他人に対するあらゆる連帯意識は、人間が思考の態度を持する妨げとなる[(20)]」。他人を気遣うことは、十全として自己を受け容れることへの恐怖だけを引き起こす可能性がある。ブランショによれば、「自分のなかにある十七世紀の怯懦な遺産、自分以外の他人に係わりのあるものすべてもの、真の人間はそれを否定する[21]」のである。個人の自立はここでは、自己の周囲の他の存在の否定、したがってまた自己否定とごた混ぜにされ、それ自体が自壊する極限へと導かれる。

集団的、個人的という二つの自立の要請が定式化された際、その発案者たちは両者から対立が起こるだろうとは想像もしていなかった。人民主権は個人の自由をモデルにして考えられていて、両者の関係は連続的であった。そこにある危険を警告した最初の人物は、コンドルセであった。立法議会に選出され、コンドルセは自分が代表でもある権力の起こりうる偏向を観察するのにちょうどよい立場にあったことは言っておく必要があろう。まさしく公教育の諸問題の検討を進めるなかで、コンドルセは公権力による個人の自由の恣意的な侵害に対して警告を発した。学校では、コンドルセによると、あらゆるイデオロギー的教化を控えなければならない。「社会が生まれゆく世代の心をつかんで彼らが信ずべきことを吹き込むならば、かの言論の自由はもはや幻想にすぎない[22]」。生徒はそうした教育を自分で評価することも確かめることもできないのだから、それは生徒に「予断」を教え込むことであり、そうした予断は、民衆の意志に由来するにしても、依然として専制的となるであろう。したがってそのような予断は「自然な自由のもっとも貴重な一部に対するテロ行為[23]」を表すのである。それゆえに、一定の領域には公権力が及ばないように し、そうすることによって個人の批判能力を守らなければならないのである。「教育の目的は既成の法を人々に賞賛させることにあるのではなく、それを人々が評価し、訂正できるようにすることである」[24]、とコンドルセは言う。

わたしたちは今日コンドルセの明敏さを正当に評価できる状態にある。というのも、この数行のうちにコンドルセは、全体主義的権力が二十世紀を通じて住民を抑圧することができたやり方(のちにまた触れることにしよう)を描き出したからである。こうした体制が崩壊してから、啓蒙思想の逆方向への逸脱も同様に可能であり、その結果はといえば憂慮すべきものであったことにわたしたちは気がついた。一国の住民から自由を奪うことができるのは国家ばかりでない。人民の主権を制限できるのは同時にとりわけ力のある幾人かの個人でもある。この場合、危険は独裁者からではなく、莫大な経済力を所有する幾人かから生じる。

国際関係と結びついた人民主権の衰微の例を、二つあげよう。その第一は、経済のグローバリゼーションによって起こるものである。今日、国家は必要であれば武器で国境を守ることができるが、資本の流通を止めることはもはやできない。このことが原因となって、ある個人もしくはある個人のグループが、いかなる政治的正統性の恩恵にも浴していないにもかかわらず、パソコンをクリックするだけで即座に自分の資本を失わずにすんだり、よそに移したりして、そうすることで、ある国を失業状態に貶め、あるいは直接の危機を回避させたりすることができる。彼らは社会問題を引き起こせもすれば、あるいはそれを退ける援助をすることもできる。フランスのような一国の歴代政府は失業を減らせれば満足できたが、今でもその手段を手にしているかは定かではない。経済のコントロールは人民主権の管轄には属さない。それを喜ぶにせよ嘆くにせよ、政治的自立に科せられた限界を十分認めなければならない。

第二の例はまったく別の領域、国際テロの領域に由来する。近年各地でくり返されるテロ攻撃は侵略政策を主導する国家ではなく、個人あるいは個人のグループによる行為である。以前は、唯一国家のみが、しかもその中でもっとも力のある国が、ニューヨーク、イスタンブール、マドリッド、あるいはロンドンの爆破のような複雑な戦術を組織できた。今回、この戦術はたかだか数十人の仕業である。今日では、技術の進歩のおかげで危険な武器の製造は個人のグループでもできるようになった。その武器の値段はしかもだんだんと安くなり、加えて小型化のおかげで武器はいっそう容易に移動できる。携帯電話がひとつあれば、爆発を引き起こすのに足りる。こうしてもっともありふれたものが恐ろしい武器になるのだ。犯罪者はだから苦もなく身を隠し、軍事的反撃を逃れられる。個人は領土を持たない。犯罪者は複数の国からやってくるが、彼らのうち誰一人として特定されない、無国籍者なのだ。近代国家は、やはりその主権にとって破壊的な、この別種のグローバリゼーションに対して備えができていないことを露呈する。

こうした国家の住民も同様に内部から生じる自立の衰退をこうむる。その源は国家権力ではなく、それとは異なった焦点の定まらない力であり、それにレッテルを貼るのはなおのこと困難である。運命という没個性的な形をとり、個人が自分の意志を用いることを妨げる（どうやって、たったひとりで失業に歯止めがかけられるだろうか）。経済機構が行使する抑圧には触れずにおこう。その他の力もやはり人の無力をさそう。わたしたちはひとりで物事を決定していると信じている。しかしすべての巨大メディアによって朝から晩まで、毎日毎日同じメッセージの集中砲火を浴びせかけられたら、わたしたちには自分の考えを作るのにごくわずかな自由しか持てない。マスメディア、新聞、ラジオ、とくにテレビはどこにでもついてまわる。ところが、わたしたちの決定は自分が自由に使える情報に基づく。これらの情報は、誤ってはいないと仮定してさえ、選択され、選別され、再編集されて、この結論よりはあの結論へとわたしたちを導く。にもかかわらず、情報機関は集団が共有する意志を表現しないし、人はそれを残念にも思わない。個人は、自分で国家がもたらす決定の圧力下ではなしに判断できるべきであるというのだ。だが不幸なことには、何ものもこうした情報の公正さを保証してはくれない。

いくつかの国では、今日では――多くの資金があれば――一局、あるいは五局、一局のテレビ局、多くのラジオ局、多くの新聞を金で買い、自分の望み通りのことを話させ、消費者、視聴者、読者が今度はその人物が望んだことを考えるようになる。この場合、これはもはや民主主義を意味せず、むしろ金権政治である。権力の所有者は人民ではなく、金である。

別の面では、金銭ではなく、風潮、時代や地域の精神に関わる圧力が問題となる。ジャーナリストは国家にも服従せず、また資本に買収されもしない。がしかし彼らは、仲間内の権威者の口吻をまね、仲間はずれにされることを恐れ、同じ使命を帯びていると思い込み、誰もが同じことを言う。こうした現象は目新しくはないが、絶えず情報に従属させられている現代社会では、その力は十倍にもなっている。自分の意見を自由に選んでいると思っている視聴者、読者は当然のこととして自分が受け取るものに条件づけられる。インターネットが呼び起こした希望、管理されない個人たちが発し、誰もがアクセス可能なこの情報もやはり空虚なままに終わる可能性がある。管理を免れるのは情報だけでなく、情報操作も同様である。ネットサーファーがそうした情報を判別する手段はどこからも与えられない。

世論がきわめて強力な場合、世論は個人の自由を制限し、ついには個人の自由が世論に屈するようになる。ルソーは、この近代社会の重要な側面にきわめて敏感であり、そのために風潮や既成観念の圧力から隔てられた、ある程度の孤独のなかで子どもたちを育てるように勧めた。同じ理由から、ルソーは大都会を避けることを選んだ。すでに当時、こうしたやり方は非現実的に思われていた。ところが世界は反対の方向に進んだ。マスメディアは、とくにテレビは都会でも田舎でも個人空間に持ち込まれた。いっそう典型的なのは子どもたちが毎日多くの時間を小さな画面の前で過ごしていることである。テレビは国家の監督下に置かれてはいないが、機能するためには資金が必要であり、それを広告、別な言い方をすれば消費財の売り手に求める。広告を通じて、またさらにはルポルタージュやフィクションでテレビが見せる暮らしぶりを通じて、テレビはわたしたちに模倣すべきモデルを与える。ところがテレビはそのモデルをはっきりした仕方では表現しない。もっともそのおかげで、わたしたちは少なくともそうしたモデルを疑問視することはできるのだが。

啓蒙思想は、批判精神の涵養へと導く。この原則はどんな時でも、とりわけ自分たちの気に入らないあれこれの批判に対してすぐにその件を訴訟に持ち込むような対応をする人々に対して擁護すべきである。わたしたちにとっては耳障りなものも含めて、言論の自由は擁護されるべきなのだ。だからといって、批判的な立場をとることすべてが、それ自体で称揚されるわけではない。民主主義的公共圏で通用する表現の自由を利用して何につけても中傷的な態度をとる場合、元々の出発点を覆さないかぎり批判は何も産み出さない無用なゲームとなる。過剰な批判は批判を滅ぼす。啓蒙主義の伝統においては、批判はたんに批判と再建という二重の運動の第一段階を表すにすぎなかった。『回想録』で、レイモン・アロン[*5]は若き日の有益なエピソードを語っている。ドイツにおける一九三〇年代のナチズムの勃興に怯えて、アロンはフランス政府の態度にきわめて批判的な演説を行った。フランスでは、ある大臣がアロンの演説を注意深く聴き、その話を首相に伝えるように申し出た。だがこの大臣はアロンにさらに一歩進んで、まず「あなたが首相であれば、何をされますか」[(25)]という問いに答えるよう求めた。この教訓を守ったために、アロンは例外的な知識人となった。[*6] 有益な代償がない場合には、批判的な言説は空無と化す。何につけ懐疑主義をふるうことや嘲笑することに決めているやり方は、外見上の知恵を示すにすぎない。啓蒙の精神を逸脱すれば、そうしたやり方は啓蒙の精神の発現に大きな障害を生み出す。

第四章　世俗性

社会の自立を脅かすのは、神権に支えられた国王の権力のみではない。社会は複数の力がぶつかり合う複合体である。ヨーロッパの歴史が始まってこの方、人は世俗的な権力と精神的な権力を区別する習慣を身につけてきた。両者のそれぞれが自分の領域で自立性を保持し、他方の闖入から保護されているかぎり、非宗教的社会、あるいはよく言われるように世俗社会が語られることになるのである。

キリスト教の伝統をとどめる一部の世界では、両者の関係は苦もなく調整されるものと、かつては信じることもできた。かのキリストが自分の王国はこの世にあるものではなく、神に従うことはローマ皇帝に従うこととは関わりがないと告げたからである。[*1] しかしながら、コンスタンティヌス帝[*2]が、四世紀にキリスト教を国家宗教と定めて以来、すべての権力を独り占めしたいという欲望が一度期にわき起こった。そうした動きが起こる理由を理解することは容易である。世俗的秩序はいわば身体を支配し、宗教的秩序は魂を支配する。だが身体と魂はたんに併置された実在物ではなく、各々の存在内部にそれぞれが不可避的にヒエラルキーを形作っている。キリスト教からしてみれば、魂が身体を指図すべきなのである。ということになると、直接に魂を支配することだけでなく、さらには間接的に身体を、つまりは世俗的秩序をもコントロールすることが宗教組織、つまり教会に帰されることになる。それに対して、世俗的権力は自分の特権を擁護しようとし、教会のような組織も含めてすべての世俗的事象のコントロールを維持することを要求しようとする。したがって、自分の自立性を求めて、相対立する敵対者のおのおのが相手の領域に侵入しようと試みたのである。

自分たちの野心を正当化するため、無制限の教会権力に味方する者たちは、この争いで第一級の役割を果たすことになるある文書を偽造した(七五四年)。それが「コンスタンティヌスの贈与証書」であった。この偽造資料によれば、信者たちの魂の面倒だけでなく、全西ヨーロッパの領土上の主権までをも、最初のキリスト教皇帝は教皇に委ねたのであった。十二世紀後半、教皇アレキサンドル三世のもとで、この野望は全なる権力(*plenitudo potestatis*)として成文化された。この教義に従えば、教皇は霊的権限、世俗的権限という二つの象徴的権限を保持するが、皇帝は後者しか持ち得ず、したがって教皇は皇帝よりも位階が上であることになる。

ここでは、全なる権力の最初の形態である神権政治のプロジェクトについて語ることができるだろう。つまり、世俗の権力はたんに宗教的プロジェクトに奉仕するにすぎないのだ。このプロジェクトとは逆に、同時にまったく別の形態、教会を何にもまして世俗的権力に役立つ道具にしようと試みるプロジェクトも進められた。もっとも権勢のある皇帝たちがそうした姿勢をあからさまに示した（コンスタンティヌス帝自身の態度がすでにそうであった）。それは時には皇帝教皇主義（césaropapisme）と呼ばれた。このプロジェクトにはさまざまなヴァリエーションがあって、神権政治に対立はするものの、全なる権力をあえて望もうとまではしなかった。国家が教会に仕えるにせよ、あるいはその逆であるにせよ、それぞれが権力を完璧に保持しようと望んだことだろう。ただ決定的な勝利をもたらしえないということだけが、ライバルの力に対する足枷となっていた。中世と呼ばれる全期間を通じて、両者の国境が決戦を押しとどめる境界線として機能したかぎりでは、俗権と教権は共存した。領土内ではそれぞれが独占的に支配したし、そして個人について言うならば、誰にも選択の余地はなかったのである。

　宗教改革以降、この改革が個人に与えた位置のおかげで、論争のあり方が形を変えた。一介の農民でも、神への語りかけ方さえ知っていれば教皇に異議を唱えることができる。もっともそのことが異端とされかねないのではあるが。世俗的な至上権は、神学者たちが「内心の業」と呼ぶ不可侵の領域、つまり神との関わり、内面生活、良心といった領域を尊重すべきものと、初期のルターは考えた。君主は、権力の行使においてライバルを持たない。しかし、それには限度がある。教会の権力ではなく、個人の良心がそれであったが、この個人の良心について教会はただ神に関わることだけを問題としたのであった。ここにおいて、俗権と教権の従来の対立をさらに分かりにくくする、第三の力が姿を現す。唯一神と自分とのコミュニケーションをコントロールし、次には古い権力の支配を免れたそれ以外の領域を横取りする、個人の力である。したがって当初「個人」は、政治権力の闖入から宗教的経験を保護できる枠組みにつけられた名辞にすぎなかった。ところが、この個人的枠組みはそれ自体が豊かになる可能性を持っていた。したがってこの領域は国家に対してもまた教権に対しても守られるべきものとなる。これが近代の世俗性の意味するところである。

ルネサンスから啓蒙へ、エラスムス[*3]からルソーにいたる近代西洋史は、公の制度と宗教的伝統の分離が強固となり、また個人の自由が増大した歴史であった。実際、教会の世俗的権力は、宗教的寛容に有利に働くように企てられたさまざまな過程が証明しているように、廃絶されはしなかったものの損なわれてしまった。一七五六年にルソーがヴォルテールにあてて、「わたしはあなたと同様に、各人の信仰がもっとも完全な自由に置かれていないこと、そして厚顔にも立ち入りようもない良心の内部を人が取り締まろうとしていることを腹立たしく思っております(1)」と書いているが、これは数ある証言の一つである。

社会のあらゆる分野から次々と宗教的後見の撤回と自立の権利を求める声が上がった。もっとも意味深い要求の一つは、『犯罪と刑罰』論を書いたチェーザレ・ベッカリーア[*4]（彼は二六歳のときにこの本を出版した）の要求である。そこで目指されるのは個人の自立、既存の規範を批判的な仕方で検討し、自ら行動の規律あるいはその規則を選択する能力である。この区別によって、裁判所の仕事は宗教的な制約から解かれることになった。法律は都市における人々の関係をその対象とすることになった。人々の法律違反は宗教的な教義とは、もはや何の関係もない。そして他方では、宗教上の罪悪は法に支配されることはない。法律と神学は、混同されなくなった。

ベッカリーアはさらに個人の自由にとっての別の脅威、もはや教会から来るのではなく（教会は俗権を持ってはならなかった）、国家からでもなく（国家は精神的な事柄には関わってはならなかった）、家族に由来する脅威を指摘した。家族のなかで、家長は家族の他のメンバーに対して圧倒的な力を行使し、そのことによって社会構造との関わりでは獲得されている自立性を彼らから奪う。それぞれの個人は、理性を備えた年齢となった個人として誰もが神にじかに語りかける権利を持ち、同様に自分がその構成員である共和国にじかに訴え、共和国が保証する諸権利を享受することができる。ところが、「自由な精神は、公共の場や国家の議会においてあえぐことになるばかりか、さらに家族、各人の幸不幸の大部分が住まいする家族のなかであえぐことになる」[2]、とベッカリーアは言うのである。

近代の自由な民主主義においてはしたがって、個人の行動は世俗的な秩序と霊的な秩序というよりもむしろ、三つの領域に配分される。その一極には、唯一個人が管理すべき、私的で個人的で、誰も文句のつけどころのない領域が位置する。宗教改革以来、良心の自由はすべての個人の行動の自由へと拡大された。その対極には、法の領域が位置する。ここでは個人には国家が責任を持つ厳格な規範が課せられることになり、犯罪者になることなしにこの規範に背くことはできない。両者の間には広大な第三の区域が存在する。そこは価値的な規範から影響を受ける公的ないしは社会的な区域であるが、強制的な性格を備えているわけではない。法は命令を作り、刑罰を科す。この場合、人は公的な議論という枠のなかで同意を与えるか不同意を表明すれば足りる。そうした場を構成するのが道徳の規則であり、流行、時代精神が及ぼす圧力であり、さらにまた宗教の命じること（したがってそれは古い精神的な権力の場である）もそこに付け加わる。

これら三つの区域の版図は国ごとに、また歴史のある時期と他の時期とでも異なってくるが、それらを区別し、その限界を定める必要性は誰もが認めることである。現代人にとって世俗性は、各人が他人の自由を侵害することなく自分の持ち場で主人でいられるという事実のうちに存する。国家は法的領域を管理するが、その意思を市民社会に強いることはできない。市民社会は公的領域を占めはするが、その働きが及ぶのは個人の自由を守る国境の前までである。さらに、国家は市民社会との関わりでは、自由と個人の保護に責任を持たねばならない。こうした領域間の均衡は（たとえば妊娠中絶権に関する議論が示しているように）脆いものであるとはいえ、共同体がうまく機能するためには不可欠であり、その維持は国家の義務の一部をなしている。

ここですでに言及した点に立ち返らねばならない。それは、フランス革命の際にコンドルセが行った発見であり、個人の自立にとっての、したがってまた社会の世俗性にとっての新たな危険に関するものである。この危険は世俗的権力を保持する者たちが、皇帝教皇主義のように既存の宗教を自分に服従させようと渇望することにではなく、新たな信仰、国家そのもの、その機構、その代表者たちを対象に新たな信仰を打ち立てようと切望することにある。コンドルセがこの時にそうした危険を見いだしたのは、それが過去の時代にはなかったことだからである。つまり、世俗権がそうしたものの一つとなることを公的な宗教が妨げていたからである。この新たな宗教が可能となったのは、キリスト教会が遠ざけられたからである。人々を宗教のくびきから解き放とうとした人々自身が、やはり重苦しい信仰の下僕になる恐れがあった。何を信じるべきかを民衆に向かって口にするのが権力であるということになったその瞬間から、人は宗教と比べてあまり好ましいものでもない「ある種の政治宗教」と関わることになる。コンドルセは付け加える、「ロベスピエールは一個の司祭であり、またそれでしかないだろう(3)」と。ここに見いだされるのは、ルソーの「市民宗教」とはきわめて異質な、あの「政治宗教」という表現の最初の姿である。ルソーにあって市民宗教は、共同生活の諸原理の認知以外のことは意味しなかったのである。

新たな教義の固有な内容も、結局はたいしたものをもたらさなかった。古代のスパルタの再建という幾人かの革命家の夢想に含まれていたような市民的道徳主義か、あるいは逆にたとえば奴隷売買やその搾取、外国人たちの服従を合法化する、たんなる利潤追求のための金もうけ主義の精神が問題となるであろう。肝心なのは、それが「全なる権力」であることなのだ。なぜなら俗権もそれにふさわしい信仰を課すからである。学校を管理することで、この権力は自由をもたらすと見なされる制度をもっとも完璧な服従の手段へと変え、最新の政治的決定をまるで不動の教義あるいは、さらに悪いことに科学的真理であるかのように見せかける。情報を管理することで、「市民の指導者たちが市民に抱かせようとした考えのうちで、市民がなるほどと思うようなものを何ひとつ市民は学ぶことはない(4)」ようにさせる、とコンドルセは言う。そんな風に操作され、個人個人は、誰もが自分自身で行動していると信じながら、権力の保持者たちが考えたプログラムを実行しているのである。

コンドルセは、本物の破局のシナリオを読者の眼前に広げてみせる。「図々しい偽善者の群れ(5)」が中央権力を横取りし、国中に地域的な中継地を確保したと想像してみよう、とコンドルセは言う。彼らは情報の主だった源に手をつけることができるだろう、そうなれば彼らは「教育がないために、身を守る術もなく不安という亡霊の手に委ねられた民衆(6)」から信頼を得ることになるだろう。誘惑と脅迫を交互に用いながら、権力の座にあるそうした連中は、先行したどのような専制政治にもその有効性においてけっして引けをとらない専制政治を、「自由の仮面のもとで執行することになる(7)」のである。

このような全なる権力は、その先行者たちの権力よりもさらにおぞましいものとなるだろう。というのも、新しい政治宗教の領域は人々の地上的存在全体と一体化しているからである。伝統的宗教は、自ら俗権を用いることによって、あるいは強制という仕事は俗権に委ねることによって、個人の良心を支配しようと望んだ。政治宗教はと言うと、こちらはすべてを直接監督し、方向づけることができる。だからここでコンドルセがそのために論陣を張っている自由とは、もはやたんなる思想・信条の自由だけを意味するのではない。そこでは、コンドルセの『回想録』を丹念に読んだバンジャマン・コンスタンが一五年後に言うように[*5]、現代人に関係するありとあらゆる自由が問題とされたのである。ギリシア・ローマ時代の人々は、実際、そのような意味合いでは自由を考えてはいなかったし、個人が自由を自分自身の代表者たちから守られねばならないなどとは想像すらしなかった。新たな宗教の領域は、古い宗教の領域をはるかに凌駕しており、そのゆえに個人が擁護しなければならないものもまた増えることになる。

ジャコバン派の恐怖政治[*6]はすでに最初の「政治宗教」の現れであった。けれどもコンドルセがもっとも懸念したことが現実のものとなるのは、さらに一三〇年後、二十世紀初頭のことである。第一次世界大戦が終わると、ヨーロッパではいくつかの新種の政治体制が生まれたが、これらはそうしたさきがけ的なイメージに十分合致したものであり、共産主義、ファシズム、ナチズムと呼ばれた。おそらくこの時期にはコンドルセの定式は忘れられていただろう。しかし一九二〇年代からは注意深い観察者たちが、今度は自分たちが政治宗教と呼ぶことになるものの特徴を指摘することになるのである。ドイツやイタリアのカトリック系ジャーナリストから、エリック・ヴェーグラン[*7]のような基礎的文献の書き手、あるいはレイモン・アロンのような才気に満ちた芸術家に至る、こうした証人たちのなかでも、ワルデマール・ギュリアン[*8]にはとくに注意が払われなければならないだろう。ギュリアンはカトリックに改宗したロシア系ユダヤ人で、スイス、次いでアメリカに亡命する前はドイツで暮らし、一九二〇年代からヨーロッパの全体主義に関する比較研究を書いていた。

他の観察者たち同様、ギュリアンは、伝統的な宗派とははっきり区別され、また共産主義の場合には厳しく対立こそするものの、そこに「宗教」と呼ぶべき教義があることの矛盾を指摘する。そのため、彼はユーラシア人たち、つまり反ヨーロッパ主義的精神に突き動かされた亡命ロシア人たちの現在の運動から「イデオクラシー（idéocratie）〔イデオロギーによる支配体制〕」という用語を借り入れ、そこに伝統的な宗教と新しい政治宗教を二つの下位区分として含めることを示唆する。そう区別したからといって、ギュリアンにとって全体主義の教義が宗教的信仰といくつかの特徴を共有している事実を見いだす妨げとはならなかった。ここでわたしたちにとって重要なのは、そうした宗教が、過去数世紀にわたってゆっくりではあるが、人々が獲得してきた世俗性の廃棄を求めている点である。この新たな攻撃は、コンドルセが予想していたように、神権政治とも皇帝教皇主義とも異なるものである。というのも霊的なものと世俗的なもの、その両者の融合形態はこの二つの枠組みを維持し、ただたんに一方が他方に服従することを求めたからである。それとは異なり、新たな政治宗教はそうした区別を取り去り、国家、人民、政党、あるいはさらにこの権力が科すファシズム、ナチズム、共産主義といった体制の形をとって、政治権力そのものの神聖化を押しつけるのである。伝統的宗教は（共産主義の場合では）攻撃され、排除されるか、あるいは（ファシズムやナチズムの場合では）屈服させられ、アウトサイダー化される。いずれの場合にせよ、伝統的宗教はこれ以降、政治権力の役割をも担った聖的なものの特権的な媒介者にとどまってはいられなくなった。

決定的に排除されることが避けられたとしても、打ち負かされた神権に、たとえきわめてささやかなものであるにしても、なにか調整的な役割を果たすことができなかっただろうか。今日ではそうしたことはもはや何ひとつ可能ではない。服従ではなく、取って代わることが問題とされるからである。ギュリアンが指摘するように、「かつてそのはけ口と表現を宗教に見いだし、古い専制君主の権力を制限したエネルギーと力は、これからは二十世紀の新たな政治体制の背後、そしてそのまったただ中で機能する推進力を形作る。全体主義的イデオロギーが宗教に取って代わり、その地位を奪う(8)」のである。そしてこれには、政党が国家をコントロールした「神権政治」という第一段階から、政党が国家を道具とする「皇帝教皇主義」の第二段階へと全体主義体制は移行していると、時代の変遷がわたしたちに示してくれる明快さからも付け加えることができるだろう。どちらの場合にしても、コンドルセの危惧を裏付けるかのように、俗権と神権のこの新たな融合形態は、まさしくその全体主義的支配を根拠としてかつてなく徹底的に、世俗性によって保証されていた個人の自由を排除するのである。

世俗社会の敵は多い。啓蒙期には、「わたしが正しく、あなたが誤っているのだから、わたしにはあなたを迫害する権利がある」とのボシュエ[*9]の象徴的な文章からアイデアを得たのは、制度としてのカトリック教会であった。この文章は、(場合によっては正しいものも誤ったものもありうる)霊界と(迫害の義務を負うこともありうる)俗界との間の強固な連続性を明らかにしたものであった。寛容は、フランス革命の直後にボナルドが述べたように、どうでもよいことにしか適用されない。すべて本当に重要性のあるものに関しては、教義の真理に従うよりほかなかったのである。全体主義体制下では、同様に世俗性はうち捨てられ、社会は完全に国家に服従する。

現代西欧社会はすべてさまざまな形で世俗性を実現している。しかし、この世俗性は二十世紀の一九九〇年代からは、イスラム教の隆盛とともに問題とされ始めている。イスラム教原理主義の普及は多くの国でその国民生活に、相互に緊密に結びつく二重の帰結をもたらした。とくに世俗性をターゲットにしたわけではないが、テロ行為と、そして世俗性をターゲットとした女性の服従がそれである。後者が実際に行われている例は、さまざまな宗教が実践されている地中海や中近東を含む広範な地域に見いだされるのであるから、とりわけイスラム教特有のものというわけではない。それでもやはり現代ヨーロッパでは、女性への不平等が主としてイスラム教の幾人かの代表者から要求されているのである。彼らの場合、聖典の文字通りの解釈が、成人女性に対する、父親、兄弟あるいは夫の男性支配の正当化へと導き、同じ国に住む市民である他のすべての女性が享受している個人の自由を彼女たちから奪っている。ベッカリーアが告発した脅威がここでもまた現実のものとなっているのである。

〔聖典の〕このような解釈は実際には処女性と従順性への崇拝を打ち立て、そのため未婚女性から自分で自分の身体を管理する機会を奪い、同様に既婚女性に対して家の外で働くこと、あるいはさらにたんに自宅の外に出て、見知らぬ人の視線にさらされることを禁じるなどするのである。さらに重大なことは、こうしたイスラム教条主義の何人かの代表者が要求しているように、宗教上の掟に合致した場合には、女性はそうした規則違反をするたびに鞭で打たれるのである。この件に関しては、ジュネーヴのイスラムセンター所長であったハニ・ラマンダンの声明が思い起こされるが、その声明のなかでは〔イスラムの〕宗教法が実際にはきわめて寛大であるということが、「姦通の場合に定められている投石による刑死が実行されるのは、犯罪の現場目撃者が四人であった場合だけである[9]」と説明されていた。あえてそれを公の場で言わないまでも、同様に考える人は他にも多いのではないだろうか。

このような状況を告発するいくつもの声がイスラム教徒の女性たちからあげられた。フランスでは「売春反対・公娼反対（Ni putes ni soumises）」協会がこの特殊な闘いに足を踏み入れ、二〇〇二年には以下のような文章が見られる宣言を公にした。そこには、「売春にも、公娼にも反対する。ただ自分自身の正義への欲求を表すためにその自由を生きようとする女性たちのために」[10]、と書かれていた。女性を服従させようとするのは、イマーム〔イスラム教の指導者〕ではなく、家族である。しかし、家族にとって自分たちが禁ずることが正当だとされるのは聖典によってである。その結果、そうした女性たちの自由が、そして最後には同じ社会のすべての構成員の自由が制限されることになるのである。現在ではオランダの国会議員で無神論者だが、ソマリア出身でイスラム教の教育を受けたアヤーン・ヒルシ＝アリはやはり数年前から戦列に加わり、イスラム教から導き出された原理の名のもとに、鞭打たれ、暴力を受け、片端にされた女性たちを保護し、援助するために活動している。彼女が製作した映画、『屈服』は、二〇〇四年にはこの映画の監督であったテオ・ファン・ゴッホの暗殺を引き起こした。そして彼女の対応だが、ヒルシ＝アリはイスラム原理主義者のようなグループの命令に個人が従うことを拒否し、逆にすべての市民が同一の法に従うことを要求した。彼女が断言しているように、「個人の自由と男女間の平等」[11]は好き勝手に選択できるものではなく、国の法に書き記された「普遍的価値」[12]を有するものなのである。自由と民主主義のもとでは、力ずくで女性を男性に従わせること、女性が自分自身の判断で行動するのを妨げることは、寛容可能な領域に属するものではない。

このように世俗性がうち捨てられるのが見られる一方で、度を超した単純化や杓子定規な適用によるそこからの逸脱も観察される。それは、世俗社会が聖なるものすべてを追放された社会と同義とされるような場合である。伝統的な社会にあっては、聖なるものは宗教によって定義されて、対象物と同様制度にも適用された。フランス革命は民族を聖なるものにしようと試みた。祖国愛がそれまでの神への愛に割り当てられていた役割を演ずるものと見なされたのである。次には全体主義体制が、人民、党、労働者階級といった、神に代わって現世で機能するものを聖なるものとした。現代の自由と民主主義も市民の義務すべてを廃止することはないが、かといってそれを聖なるものと見ることはしない。現代社会は、個人がその私的な領域で聖なるものを見いだすことを妨げない。ある人にとっては、その人の仕事が聖なるものであるだろうし、他の人にとっては休暇が、また第三の人にとっては子どもが、そしてまたある人にとってはその宗教などが聖なるものということになるだろう。だがいかなる制度、いかなる対象物も神聖なるものとは見なされはしない。すべては批判の対象となりうるのである。フランス社会において、ユダヤ人へのホロコーストやレジスタンスといった全員が一致した価値判断を下すような事件でさえも、公的な領域では聖なるものという特徴を備えることはないのである。認識は進歩するものであるから、それが禁域に遭遇するようなことがあってはならないのである。

とはいえ、わたしたちの世俗社会が聖なるものを完全に失ってしまったかと言えば、それは本当ではない。ただ、聖なるものはもはや教義や聖遺物に認められるのではなく、人類の諸権利のうちに認められるのである。わたしたちにとって聖なるものとは、宗教を信じる（信じない）、体制を批判する、自ら真理を探究する等々のある種の個人の自由である。人間の生命は聖なるものである。それゆえに、国家は死刑によって人の生命を損なう権利を自ら放棄したのである。聖なるものとされたのは人間の身体の完全な状態であり、そのために政治的理由から勧められたとしても拷問は止められ、自分の意志の自立がまだ備わっていない幼い少女への外性器切除が禁じられるのである。

したがって、聖なるものは世俗社会の個人的領域においても、また公的領域においても不在なのではない。公的領域について言うならば、この領域は聖なるものに支配されてもいなければ、また矛盾する諸見解のカオスを余儀なくされているのでもない。それは普遍的合意に依拠する準則に従って調整されうるのである。コンドルセは、「各時代において、啓蒙主義の真の終局を画するものは、あれこれの天才の個々の理性ではなく、啓蒙された人々の共同の理性である」[13]、と述べた。すべての見解が同等の価値を持つものではないが、言葉の上での能弁と思想上の正義とを混同すべきではない。人が啓蒙へと至るのは、ただ一人の人物から受ける霊感を信じることによるのではなく、まず「啓蒙された人物」、すなわち十分な情報を備え、理性を働かせられる幾人かの個人を選び、次いで、議論を伴った対話を行うという状況に彼らを置いて、「共同の理性」へと導く、という二つの条件を満たすことによってである。とはいえこの点では、啓蒙主義の理想はわたしたちの眼前のはるか彼方にあるのかもしれない。

第五章　真　理

自立という領域をさらによく定めるためには、善を推し進めることをその目的とすることと、真理を打ち立てることを渇望することとの、二種の行動、したがってまた二種のディスクールを区別することから出発するのが適切であろう。啓蒙思想家たちは、人間と世界とに関わる認識を宗教の影響力から除くには、こうした区別を立てる必要を感じていた。このことでヴォルテールがわたしたちの注意を喚起したのは、理性に関してであった。宗教（彼は「宗派」と言ったが）は数多くある。ところが、科学は一つである。実際、誰にしても代数学の宗派などというものが語られるのを耳にしたことはない。この簡単に見分けのつく区別から、いくつもの帰結が導き出される。とりわけこのことは、起源が神的なものであれ人間的なものであれ、権力を手にした者は、真理を求める言説にいかなる意味でも手出ししてはならない、ということを意味する。両者は同一の空間に属するものではない。一七四二年に、ヒュームは「太陽が動き、地球は安んじて動かずにいると人類全体が決定的な仕方で結論したとしても、そうした理屈とは関わりなく太陽はその位置からほんのわずかでも動くことはないであろうし、そんな結論は永遠に間違っており、誤ったものである(1)」、と書いた。真理は、投票というやり方にはそぐわないのである。

教育に関する考察のなかで、十八世紀後半を通してこうした選択のもたらす帰結を細かく調べようとしたのが、コンドルセであった。彼は十年近くをかけてこの主題に取り組んだ上で『回想録』に取りかかり、そこで宗教的寛容、とりわけプロテスタントが、カトリックの教授と同等の資格で生徒を教える権利を擁護したのである。何を根拠に、彼はこうした要求をすることができたのだろうか。教材が信仰ではなく、科学に属する場合には宗教と教育とは無関係だという事実に基づいてである。「非の打ちどころのない正統性をもった人物だけに聖職者としての品位を委ねるだけにしようとすることが尊敬されるべきものであればあるほど、それだけ余計に自然学や解剖学の教授の正統性に口出しすることは馬鹿げたことにもなるであろう(2)」。ニュートンの理論を理解させるのに、教授がカトリックであるのかプロテスタントであるかはどうでもよいことなのだ。とはいえ、この点に同意するならば、次のような結論が避けられない。すなわち、ある明確な境界線が二つのタイプの教材を分離するのである。一方の側には宗教が、あるいはさらに正確に言うならばすべて個人の信仰や意志に属する見解や価値があり、他方の側には、究極の地平がもはや善ではなく真理であるような活動としての認識の対象がある。そのどちらを教えるかは、はっきりと異なる二つの活動に対応する。

一七九一年、『回想録』を執筆した際にコンドルセはこの二つの教育形式について二種類の呼称を考えだした。そこでコンドルセは「国民教育（éducation nationale）」に「公教育（instruction publique）」を対置し、「公教育」のための擁護論を展開した。[*1] コンドルセの考えでは、後者だけが唯一共和国民の見識にかなうものである。教化教育（éducation）は、「あらゆる政治的、道徳的、宗教的見解を含む」もので、国民教育はすべての生徒に同じ愛国心を与える。それに対して教養教育（instruction）はもはや「既成の見解を祭り上げ[(3)]」たり、「出来合いの法律を人々に賞賛させる」ことはせず、人々に自分自身の見解に「自由な検討を加え」、それを判断し、必要とあらば修正することを教える。教化教育はその価値を広め、有用と見なすものを推し進めることを目指すが、教養教育は、「人々が自分自身で物事を決められるようにするために[(4)]」「事実上の真理と計算上の真理[(5)]」を教え、客観的な情報への途を開き、人々にその理性をよく用いることを可能とする手段を提供する。目指すのは個人の自立、既存の規範を批判的な仕方で検討し、自ら行動の規律あるいはその規則を選択する能力である。その手段は基本的な知的能力に習熟することと世界についての知識である。子どもから成年への移行期とはまさにこの点に存する。個人の自由を擁護するとは、事実と解釈、科学と臆見、真理とイデオロギーとの間にある差異を承認することである。この争いが決着を見るのは、あらゆる意志、あらゆる権力を免れた項である、これらの対立の前者に訴えることによってである。

コンドルセの理論はわたしたちが抱く大きな二項対立、善がその地平である意志の領域と、真なるものを目指す知識の領域との間の二項対立を前提としている。前者は典型的に政治活動のうちに、後者は科学のうちに具体化される。両者は相異なる論理に従うのであって、コンドルセは、「一般的には、それがどのような性格のものであれ、誰の手に収められようと、またどのような仕方で委ねられようとも、あらゆる権力は啓蒙主義の敵である」(6) と言うまでに至っている。こうした争いの理由は、コンドルセにとっては単純なものに思われた。個人が啓蒙されればされるほど、それだけ個人は自ら決定しうるようになり、またそれだけ盲目的に権力に服従しなくなるからである。「したがって真理は権力にとっての、そして同時に権力を執行する者たちの敵である」(7)。とはいえ、すべての権力がどれも大差がないということではない。良い政府とは、それ自身の勝利よりも人々の安寧を気遣い、啓蒙、したがって国民教育の前進を奨励し、真理への到達を容易なものにし、人々がその自立を獲得するよう援助する政府である。攻撃のための武器とまでは言わないまでも、少なくとも権力から解放される手段を市民に提供するという逆説的な政府がここに見いだされる。その点でこうした政府は、自分の子どもに自立をもたらそうとする親たち、それがうまくいけば親としては自分たちが不要となり、子どもが自分たちから離れていくことを知り尽くしている親たちに匹敵する。

賢明な政府は知識の増大と普及に反対はしない。しかし、その役割はそこまでである。どんな場合でも、張り切りすぎて自分から真理の普及に力を貸そうとしてはならない。なぜなら、真理は意志とは関わりがないからである。公的権力はその選択を真理でカムフラージュして教えてはならないのである。「政府の務めは、どんな場合でも公的な悪でしかない誤謬に対して真理によって全力で備えることであるが、公的権力は真理がいずれにあるか、誤謬がいずれにあるかを決める権限は持っていない[8]」、とコンドルセは言う。この権力は知識の進歩を物質的に可能としなければならないが、しかしこの進歩を自ら打ち立てることはない。何が真あるいは偽であるかを決定するのは民衆の役割でもなければ、過去の歴史的事実の意味について議論をすることは議会の役割でもなく、学校で何を教えるかを決めるのも政府の役割ではない。民衆の集団的意志あるいは主権は、この点で限界に突き当たる。それは、意志が影響を及ぼすことのない真理の限界である。こうした真理の自立性は同時に、権力を前にして真であることを引き合いにすることができる個人の自立を擁護する。真理は法を超える。だがまた逆に国法は真理から生じるものでもない。つまり、法は、絶えず変化にさらされる公的意志の表明なのである。真理の探究は、公的な討議にはそぐわず、また後者も前者にそぐうものではない。近代国家は、人民の意志に属する立法分野とそれ以外の要因が関わってくる司法分野を区別して、この原理に従ってきたのである。

共和国における政治生活の順調な展開は、その市民の自立と同じように体系的でありながら、逆転している道徳主義と科学主義という二つの脅威にさらされている。道徳主義は、善が真なるものを支配し、意志の圧力のもとに諸事実がどうにでも変えられる素材になったときに力をふるう。科学主義は価値が知識に由来し、政治的な事柄が科学的な演繹でもあるかのようにふるまうときに勝ちを収める。コンドルセは、道徳主義の誘惑に対して効果的に人々の注意を喚起した。当代のフランスを新しいスパルタと思い描いた革命家たちの熱狂に恐れを感じ、コンドルセは科学と啓蒙の光の探求が独立したものであることを明確にする。徳の要請が独立した真理にいかなる余地ももはや残さなかった恐怖政治は、道徳主義の極端な姿であったし、コンドルセの抵抗も当然なことであったが、コンドルセはその打撃を受けて非業の死を遂げたのであった。他方で、コンドルセ自身必ずしもどんな場合でも科学主義の幻想を免れていたわけではなかった。知識の進歩がそれだけで最良の政治秩序と人々の幸福を生み出すものと期待していたのである。

科学主義は近代とともに誕生した哲学的、政治的な教説であり、世界は完全に認識可能であり、したがってまたわたしたちが自分に与える目標と一致するように世界を変えることができるという前提から出発する。そしてこの目標はそれ自体そうした世界の認識から直接に引き出される。そうした意味では、善は真なるものから生じるのである。啓蒙主義はすでに十分科学主義の誘惑を知っていた。そうした誘惑はたとえばディドロの道徳論的考察のうちに見いだされるが、「自然」の法はわたしたちの行いが従うべき唯一のものであることをディドロは望んでいたようだ。「市民法は自然法をそのまま成文化したものであるべきだ。〔…〕あるがままの人間を構成しているものが〔…〕人間にふさわしい道徳を基礎づけるのでなければならない[9]」。それにしても、科学以上に自然を知るのにわたしたちの手助けとなるものがあるだろうか。現にあるところのものから自動的にあるべきものが演繹されるのだ。数年後には、サドがこうした推論を援用して、啓蒙の精神からの自らの逸脱を正当化するだろう。「破壊は自然の第一の法則なのだから、どんな破壊も悪事ではありえない[10]」。「これからはあなたの性分の抑制以外の別の抑制、あなただけの欲求以外の別の法則、自然の道徳以外の別の道徳など持ってはなりません[11]」。ディドロとサドは、あたかも自分の行いが他の人間に何の影響も及ぼさないかのように、まるで一人きりで生きてきた人間であるかのように装う。それだから、彼らはすべての市民法や道徳律を不必要なものと見なすことができたのである。

同様の推論が政治秩序にも適用される。ドルバック*2にとって、人間は自然を知らないが故に不幸である。あれこれの知識が自分の幸福にとって必要かつ十分なものであること、また良く生きるためには知識を持つだけで足りることが、そのことから結論できる。コンドルヤとしては、こう主張する。「社会の秩序を真理に合致させるために真理を知ること、それが公共の利益の唯一の源泉である[12]」、と。善なるものの真なるものへの影響に敏感であったコンドルセは、真なるものが善の「唯一の源泉」であることに何の不都合も感じてはいない。社会に影響を及ぼす行動は彼の目には、どのような価値や目的の選択をもたらすことはないように思われ、そうした選択を担うのは知識そのものなのであった。

こうした啓蒙初期以来の萌芽的な科学主義は、それでも啓蒙の精神の別の代表的人物たちから攻撃された。モンテスキューにとっては、すでに見たように、世界自体の極端な複雑さを、そしてそれと同時にそこに住む者の一人、人間の特異な性格とを考え合わせれば、世界を全的に支配しようとする野心はすべて虚しいものである。またそれというのも人間は、ルソーの定式によれば、どんな時でも「受け容れあるいは抵抗する」ことができるために、あらゆる決定論を免れうるものだからである。知識の蓄積と道徳的・政治的成熟との間の自動的連続性の幻想を追い払うことが、ルソーの考察の出発点であり、ルソーはやがて数多くの同時代人たち、百科全書派や「フィロゾフ」に対立することになるのである。人類をよりよい状態に至らせるには、「理性の光を広げる」だけでは不十分であると、ルソーは倦むことなくくり返す。「学者にならずとも、わたしたちは人間になれるのだ[13]」、と。

二十世紀の全体主義の異常事によってひどく評判を傷つけられたために、科学主義のある種の形態は今日ではまるごとうち捨てられている。劣った民族の排除や反動的階級の排除はもはや賞賛されることはない。しかしこのことは、現代の民主主義が科学主義の名残のすべてから自由になっていることを意味するものではなく、それはただ別の形をとっているにすぎない。たとえば、まるで善を定義することが知識に属することであるかのように、道徳の規範や政治の目的を「エキスパート」に委ねようとする誘惑がそれである。あるいはまた、人間についての知識を自然の知識に吸収しようとしたり、わたしたちの道徳を政治同様物理学や生物学の法則で基礎づけようとする「社会生物学」的なプロジェクトがそれである。だから、西欧諸国が創設したさまざまな倫理委員会に席を占めることに生物学者たちがもっともふさわしいのはなぜかが問われることだろう。これらの委員会は実際にはうまい具合に二種類のカテゴリーの人々、科学者と宗教家たちで構成されていて、いかなる道徳的権威も両者の間には存在しない。

このような選択には、社会空間に関する一枚岩的な考え方、良い決定をするには良い情報があれば十分だという考え方は含まれていない。ところで情報そのものは均質的であることからはかけ離れていて、純粋に量的などのようなアプローチも十分なものではない。そうしたアプローチを無限に増やしたところで、すでにルソーが予言したように、たんにわたしたちがさらに有徳になるものでもなければ、またさらに賢くなるものでもない。情報過多は情報を台無しにする。インターネット上で質問一回するだけで、たちまち十万もの回答を受けとることになる。どれが一番信用できるものでどれが一番答えとなるものなのか、どうやったら分かるのだろうか。使用者が自由に書き込みできる百科事典（『ウィキペディア』）は専門の学者たちが書いた百科事典よりも好ましいのであろうか。そう言えるのは、ただ意志と知識の境界を取り払った場合だけであろう。

さらに、知識は必ずしも科学の道をたどるものでもない。人間の行為の奥襞に分け入るには、すばらしい小説を読むことの方が社会学研究書をひもとくよりも啓発的なこともあるのだ。幾人かの啓蒙思想家はそのことをよく理解しており、たとえばヴィーコのような思想家はある種のテーマには神話や詩による知識のほうが、抽象的な理性に基づく知識よりもふさわしいと言っていた。知識へと至る道筋、情報の質、社会が介入する形式のこうした不均等性は、それはそれで科学主義の野望を阻むことのできるものである。

道徳主義、現状においては真なるものの探求を善なるものへの欲求の下位に置こうとする企ては、啓蒙主義よりもさらに古くから存在し、啓蒙の精神に直接に対立するものである。とはいえ、啓蒙主義よりも生き長らえたのは道徳主義である。その根強さの例として、この一五年来フランス社会で周期的に現れる議論を引き合いに出すことができようし、それは二十世紀の歴史記述に関するものである。その最新のエピソードは二〇〇五年にさかのぼる。ある議員グループがフランスの植民地経営、さらに正確に言えばアルジェリア占領について与える必要があるとした解釈に関わる法案を提出した。この新しい法案の一条には、「授業計画においては、海外、とりわけ北アフリカにおけるフランス駐留の積極的な役割と存在とを承認すること」と書かれてあった。法案は二〇〇五年二月二三日に投票に付され、同年一一月二九日議員多数によって承認された。したがって過去に関わる解釈が投票に付され、法としての効力を得、誰にせよこれに反対する者は処罰されることになった。十六世紀、自由に真理を探究することをガリレイに禁じた教会とまったく同様に、フランスの議員たちは二十一世紀になって歴史家たちに、そして歴史家の研究から恩恵を受ける人々、教授や生徒たちに向かって、その研究の中身を無効としたのである。ヒュームの慎重さは忘れられ、この国では真理は投票の結果次第となる。

この法令の文言に注意するならば、控え目に「海外におけるフランスの駐留」と表現された植民地政策についてただ「肯定的役割」だけが挙げられているのが衝撃的であることに気づかれるだろう。もっともらしい口実による外国への侵略、その同じ時に首都では共和主義の諸原理が引き合いに出されながら、その国の住民を法的に不利益なままにしておくこと、独立というひそかな願いへの虐殺や拷問による抑圧、こうしたことはことごとく久しい以前から既定の事実となっており、自民族中心主義やナショナリズムの視点を人々が捨て去っている以上、そうしたやり方について肯定的な面を見るのは困難なのである。おそらくさらに悔やまれることは、植民地が終焉して半世紀もたっているのに、「楽観主義」あるいは「悲観主義」を無理強いするような「肯定」「否定」という道徳的判断に、歴史の複雑さを還元しようとすることである。こうしたマニ教的な単純化は、一世紀以上にもわたる数百万の人々の体験を裏切るものでしかないだろう。歴史の研究は、人間存在がそれなしにはあり得ないさまざまな価値を完全に抽象することは絶対にできないが、かといってこのような短いレッテルに帰着するものではないことを示している。歴史理解を進めるため、最大限の事実を収集しこの上なくデリケートな解釈を作り上げるために、歴史家は到達しなければならない「道徳性」をあらかじめ決定すべきではない。歴史は、ただ白黒で書かれた頁から出来上がってはいないのである。

啓蒙の精神にこだわる人であれば誰にとってであれ、当然のことながらとりわけ混乱させられるのは、あたかもある命題を宣言するのに政治的多数派を占めればそれで足りるとするかのように、議会が歴史の解釈を投票に委ねるという事実そのものである。まるでそうした投票が、なんらかの主張を擁護するというよりも、それをさらに脆弱なものにしたりすることはないかのごとくである（別の多数派ならそれを棄却できるのだ）。科学の前では党派は雲散霧消する、とヴォルテールは言った。つまり、真理を前に政党は口を閉ざすべきなのだ。なぜなら、真理の探究にもっとも備えを固めているのは民衆の代表者たちではないからである。真理は意志の問題ではない。国会議員の選挙が、歴史に審判を下すのにふさわしい者に議員たちをするのだろうか。過去の出来事あるいはそれを構成する諸事実に下すべき解釈を決めること、それが議会の役割であるのだろうか。このような問いを発しなければならないということ自体が、この法案の投票が表す時代錯誤的スキャンダルの度合いを示している。

ただ、フランスの国会議員たちがただ小手調べをしたいためだけに、そこまでしたのではないことは認めなければならない。数年前彼らは、トルコがアルメニア人の虐殺の罪を犯したこと、また奴隷制が人類に対する犯罪であることを決議した。さらにその数年前には、第二次世界大戦時のユダヤ人の虐殺を否定することはすべて有罪に値するとの法令を、おそらくはこの種のもので最初のものであろうが、そうした法令を採択している。そこで問題とされた出来事はマグレブの植民地化ほど議論の種となってはいないが、原理的問題は同一のままである。公権力には真理がいずれに存するか決定する権限はないとコンドルセは言っていたが、この初歩的な原理がフランス議会では忘れられているのである。ところで、ある命題を真理の探究の場から盗み取り、教理問答集に押し込め、それに刑法上の制裁まで付け加えることは、当の命題を強固にするものではなく、それを貶めることである。

真理は善を強いることはできないが、かといって善に付き従うべきでもない。科学主義と道徳主義は、ともども真の啓蒙の精神とは相容れないものである。三番目の危険がある。真理という観念それ自体を不適切なものと見なさなければならないとする考え方である。小説『一九八四年』〔ジョージ・オーウェル作〕に捧げられたある研究のなかで、哲学者のレゼク・コラコウスキー[*3]は、全体主義体制のなかで真理を問題とすることが持つ重要性をオーウェルが認めたことを賞賛している。それはたんにそうした体制下では政治家たちがたまたま嘘に頼るからというのではない、そんなことなら政治家たちはどこででも同じようにやっている。むしろ真理と欺瞞、真理と虚構の区別そのものが有用性と便宜性というプラグマティックな要請を前にして不必要になっているからである。それだからこそ、そうした体制下では科学はもはやイデオロギー的な攻撃に動じないままではいられず、客観的情報という観念はその意味を失うのである。歴史は時々の必要に応じて書き換えられるが、生物学上のあるいは物理学上の発見は、不適切なものと見なされればやはり否定されかねないのである。「これこそ全体主義の認識論上の勝利である。真理という観念自体が廃止された以上もはや全体主義を嘘つき呼ばわりすることはできないからである」[14]、そうコラコウスキーは結論する。権力保持者たちは、今度は、ぶしつけな真理によって決定的に困惑させられるのである。

こうした危険は全体主義国家だけを脅かすものであって、民主主義国家は違うと思われるかもしれない。しかしながら、アメリカ合衆国の政治生活における最近のいくつかのエピソードは、真理の新たな脆弱性を露見させている。

この種の最初の事実はいくつかの学校のど真ん中で、ダーウィンの仕事から派生した進化論と創造についての聖書の神話（あるいは今日的な言い方をすれば「知的企図」）を、等しく尊重に値する二つの「仮定」として教えるという決議である。世論調査が教えてくれるように、住民の七三パーセントが死後の生を信じ、三九パーセントが聖書は神の口から直接語られた言葉を記しており、文字通りに理解しなければならないと考えている国で[15]、多くの人々が進化論の説明の仕方よりも聖書の説明の仕方の方を好んだとしても驚くべきことではないが、そうした人々の一人ひとりは自分自身しか拘束せず、したがってそうした考えは私的な領域にしか妥当しない。このことはアメリカ独立宣言の精神と文言に今なお一致している。あれこれの学校における教育プログラムに関する決定は、これに対して地方自治体を拘束し、そしてまさにこのことが科学の言説とフィクションの言説との、ロゴスとミュトスとの区別を拒絶するのである。この決議の発案者たちはそれでもなお慎重さは備えていて、そのことから不可避の結論をすべて引き出してはいない。たとえば、病院で大量に行われている医療扶助に手を触れてはいないが、それは創造の「理論」が問題にする生物学そのものに基づいている。

真理のステータスを変更する例の二番目は、一見最初の例とは何の関わりもないように思えるが、最近の政治的出来事から引き出される。それは、イラクが所有していたかもしれない大量破壊兵器を理由とした、この国に対する戦争の正当化の問題である。分かり切ったことだが、そうした兵器が存在しないのは明らかであった。だがそのことが問題とされたわけではなかった。あったかもしれない、ということが問題であった。このエピソードを構成する要素のいくつかは厄介なものである。周知のように実際政治家たちは、とくに見方を変えれば不確かきわまりないことは承知のうえの証拠と称されるものをひけらかしたり、あるいはまったく逆の情報をもたらした人々を巻き添えにしようと画策したりと、こうした兵器があることをアメリカ国民に納得させるためにあらゆる手だてを尽くした。言い換えれば、彼ら政治家たちは自分たちが主張していることが本当ではなかったことは知っているのだが、それを本当であるかのように装ったのである。その理由は、おそらくは、そうした情報が自分たちの国にとって有益だと信じたからである。こうした真実の軽視はさらに彼ら当事者の一人、ポール・ウォルフォヴィッツ[*4]によって裏付けられた。彼によると、大量破壊兵器をめぐる議論はもっとも多くの人々の支持をもたらしうるものだったからである。この議論の真相という問題についてウォルフォヴィッツは言及せず、全体主義イデオロギーにとってそうであったと同様に、最近までそうした問題は不適切なものと見なされた。

政治家が、たとえばその妻をだましてはいないと称する類のありきたりの公式の嘘は、真理への偽装された尊敬のしるしである。というのも、人はなりふり構わず真理を装おうとするからである。情報の真実性に関する無関心という、ここで問題にしている例の場合には事情はまったく異なる。他の問題と切り離されてはいない分、この例はそれだけ厄介である。グアンタナモ基地収容所が戦争捕虜に関する国際的な合意に適っているといった言明、あるいはイラクは日々平和と民主主義に向かって偉大な歩みを進めているといった、別の見方に照らしてみるならば、真理のステータスの変化がいっそう明らかとなる。あるいはさらにまったく別の領域に属する事柄を引用してみよう。最近分かったことだが、アメリカ連邦政府は、地球温暖化に関する科学報告のデータを承知のうえで改竄した。その理由は、いわゆる「京都」議定書を拒絶するという、期待した方向にこの報告書が進まなかったからである。ところで、真理のステータスに手を染めるならば、人はもはや自由な民主主義のもとで暮らすことはできない。民主主義の基礎へのこうした攻撃はどのように説明されるのだろうか。真理との一切の関係から解き放たれた一部の言明はまあ我慢することができるだろう。それというのも、そうした言明は危機的状況で発言されたものであり、国民的な合意を求め、したがって信頼に足る情報を提供することを職業としている人々、つまりジャーナリストの批判的判断を一時的に停止させるものだからである。この危機は二〇〇一年九月一一日から続いている。愛国精神の高揚、「恐れという亡霊」の目覚めは、コンドルセの口吻に倣うならば、真理への気遣いを遠ざけるに足るものであるが、そうした気遣いもまた民主主義的空間の構成部分なのである。

政府が真理よりも勝利を選ぶというのはアメリカに限ったことではない。とはいえ、他の国にもましてこの国の例を引き合いに出すことは妥当である。というのも、アメリカは、この二十一世紀初頭において他のどの国にもまして軍事的・政治的な威力を示しているからである。大きな権力は大きな危険を生む。大きな権力はその所有者に自分がどんな時にも正しく、他人の意見を考慮する必要などないという気持ちを抱かせるからである。権力に目をくらませられる恐れのある破滅から身を守るには、そうした危険に世界の他の国々を同じように巻き添えにしないためには、もっとも力のある国であっても、真理をもてあそんではならないということを認めねばならないのである。

第六章　ユマニテ

自立はそれだけでは、人間行為の理想を啓蒙主義が考えるやり方を表すのに十分なものではない。自分自身の意志に導かれる方がよそから与えられる規則に導かれることよりもいっそう価値がある。確かにそうなのだが、どこへ行くためであろうか。すべての意志とすべての行為に同等の価値があるわけではない。ところがもはや人は天に呼びかけて、何が良くて何が悪いのかを決めてもらうことはできず、地上の現実で満足しなければならない。はるか彼方の目標――神――から、人はすぐ身近な目標に移らなければならない。この目標、啓蒙思想が宣言した目標がユマニテ〔人間性〕そのものであった。人々の幸福を増すのに役立つものはよいこととされたのである。

このような言明は、キリスト教の教義の放棄というよりもその修正を意味した。キリスト教の教義はなるほど、神を愛する者、隣人を愛する者という二人の愛する人物が等価であることを前提としていた。「人を愛する者は律法を全うするなり」[*1]、と聖パウロは幾度も言明している。ただ、啓蒙思想家たちはこの等式の一方の項だけで足りると宣言したのである。「キリスト教徒としての愛だけで満足すれば足りる。キリスト教に何が起きようとどうでもよいことである」[1]、とレッシングは一七七七年に書いた。つまり、教義上、法制上の枠組みは退けられたが、そこに込められている内容は退けられてはいないのである。十年後に、「神にもっとも喜ばしい礼拝は人々に善を施すことである」[2]、と述べたフランクリンが明らかにしたのも、同様の理神論的精神である。人間への愛はもはや神による正当化を必要とはしない。心からの行為を念頭に置いて、フランクリンはこうコメントしている。「あなたにわたしが自分の家を提供するのはキリストへの愛の故ではなく、あなたへの愛の故なのだ」[3]と。

こうした事実を基礎に、人間存在がわたしたちの活動の地平、そこに向けてすべてが集中する焦点となる。百科全書の企画を統括する原理とは何かと自ら問いを立てた時に、ディドロはただ一つの原理しか見出さなかった。人間である。かの『百科全書』がとらえ、表現しようと試みた世界は、すでにこのようなものであった。「人間が世界に位置しているのと同じように、わたしたちの著作に人間を導き入れてはなぜいけないのだろうか。人間を共通の中心としてはなぜいけないのだろうか」[4]。そうすることは権利でもあれば、義務でもあった。人間は著作の中心となった、なぜなら人間は世界の中心だから、いやむしろ人間はそこから意味が生み出される当のものだからであった。したがって人間の存在は、魂の救済あるいは神の国の到来といったより高尚な目的の役に立つたんなる手段ではなくなり、その目的は人間自身の内に見いだされなければならないのである。主人公ジュリーの声に乗せて、ルソーはその原理を明瞭に述べた。「人間はあまりにも高貴な存在ですから、たんに他人の道具の役を果たすようなことがあってはなりません」(5)。今や相対的なものであるにすぎない事物に対して絶対的なものとして対立する、こうした新しい人間の位置は、カントをして人間主義的な道徳原理に関するかの有名な定式を立てさせるに至るのである。「汝の人格のうちにも他のすべての人の人格のうちにもある人間性を、汝がいつでも同時に目的として用い、けっしてただ手段としてだけ用いないように、行為せよ」(6)。

地上における人間の安寧を指示する語、それは幸福である。幸福を求めることは正当なこととされ、救済を求めることに取って代わる。「ああ、幸福よ。わたしたちの存在の目的にして、目標よ」、アレクサンドル・ポープ*2は『人間論』でそう謳いあげた。この時代のヨーロッパの書物を読んで驚かされるのは、文学的ジャンル、その著者たちの生まれた国、その信念の多様性にもかかわらず、彼らがそこで、人間そのものである敵対勢力と人間が格闘し、地上的存在のただ中で開花を達成しようとする、自然界を描いていることである。最良の市民とは、「世界の幸福に寄与する」(7)者であると、ヴォルテールは宣した。哲学の論文、小説、詩、演劇作品は人間そのものである世界が抱える諸困難を語っている。画家たちの絵は田園生活の魅力、都市の繁栄、家庭の幸せ、人々の楽しみと悦びを描きあげていた。

幸福を開く鍵をどこに探しに行くべきなのだろうか。フィロゾフや著作家の大多数は社会改革を奨励するだけでは満足せず、個人の体験に重きを置いた。そしてそれらのうちでも、第一級の場所を占めるのは各人を周囲の人々と結びつける情愛であった。「愛情と友情を消し去ってごらんなさい、骨を折ってこの世を受け入れるに値するものが、何かこの世に残るでしょうか」[8]、そうヒュームは記した。美しい人生とは、愛に満ち溢れた人生なのだ。大切なのは量ではない。ヒュームが念頭に置いているのは、七〇〇人の后と三〇〇人の後宮に取り囲まれたソロモン王であるが、あまりにも不幸な存在として念頭に置いているのである。ただ一人の妻、あるいはただ一人の愛人、選び抜かれた何人かの友人がいれば、その方が人はその人間性を十分満ち足りたものとして生きることができる。ルソーはこれとまったく同意見であった。「何ものも愛していない者が幸福でありうるとは、わたしは思わない[9]」。だから幸福は誰でも手に入れることができる。人を愛し、人から愛されればそれで足りる。しかし、それだからこそ、幸福は脆いものである。他者への愛情は生きていく上でわたしたちに不可欠のものであるが、何ものも幸福が永遠に続くことを保証してはくれない。人は愛情豊かであればあるほど、それだけいっそう傷つきやすいものである。「人間はいっそう多くの愛着を持てば、いっそう多くの苦しみを招く[10]」のである。それが人間の幸福の本性であり、それを保証するいかなる手だても存在しない。

十八世紀の終わり頃になって、人々はただ個々人の目標としてだけでなく、政府や国家の目標として幸福を押し立てようと望むようになった。「幸福の追求」はアメリカでは独立宣言に姿を表していたし、フランスでは、著名な化学者でありまた政治家でもあったラヴォアジエ[*3]は一七八七年の日記に、「政府の真の目的は喜びの総量、すべての個人の幸福と満足の総量を増やすことであらねばならない[(11)]」、と記した。二年後、彼は全国三部会に次のような言葉を投げかける。「あらゆる社会制度の目的は、社会の法の下に生きる人々を可能な最高の幸福な状態にすることに存します。幸福は少数の人々にのみ取っておかれるべきものではなく、万人に属するものです[(12)]」。ラヴォアジエがその犠牲となるフランス革命が示すのは、人間全体を政府の十分な庇護の下に置くことはあまり勧められることではない、ということである。とはいえ、一国の社会制度はそこで生きる男や女に役立たねばならないという原理はそのまま存続している。

当時から、状況はさらに変わった。二十世紀の全体主義体制は個人の幸福の世話を国家に委ねることがどれほど危険なことであったかをふんだんに示してくれた。しかしながら、民主主義の最終的勝利には実際目を見張るものがある。政治体制が至高善の化身などと言い出さない限りは、それがどのようなものであるにせよ、人々は自分の地上での幸福という希望や自己実現を政治機構に託すことはしない。民主主義がもはや情念を喚起することがないのは、ひとえに民主主義が勝利したからである。個人の自立は強化されてこの試練を乗り越え、今後は国家にはただ個々人の幸福の障害を取り除くことのみを求め、それを自分たちに保証してくれることを求めはしないだろう。国家はもはや希望の担い手ではなく、たんにサービスの提供者であるにすぎない。共通の宗教的枠組みもなく、万人に幸福をもたらす革命を信仰することもなく、しかしそれだからといって人々は自分たちの人生をより美しく、より意味深いものにしようとする願望を投げ捨てたりはしない。それでも人々は今日では自分たちが個々に選んだ道を追い求めているのである。

わたしたちの行為の目的に関する視点のこうした逆転、聖なるものから人間的なものへの移行は、その根源において地球の位置に太陽を置いたコペルニクス的転回とのみ比肩しうるものである。もっともこの場合、人間は中心から遠のくというよりもむしろ中心に接近するという点は別にしなければならない。予想されていたように、この逆転は、ボナルドからヨハネ・パウロ二世に至る、以前のヒエラルキーを擁護する人々からの強い反発を引き起こした。これら反対者たちは、神を中心座標としなければ社会は崩壊してしまうかもしれない、と怖れるのだ。つまり神が死ねば、何でもありになってしまうというのだ。秩序が行き渡るためには、神の権利が人間の権利に取って代わらなければならないのだ。ところが次に登場した全体主義のイデオロギーは、啓蒙のヒューマニズムを拒絶する。社会の目的は「すべての個人の幸福」ではもはやなく、ある種の夢想、生まれ変わった人民、共産主義国家、輝ける未来がその目的とされたのである。

啓蒙のヒューマニズム精神からの逸脱はさらに多様な形態をとる。逸脱はすでに十八世紀からやはり姿を表している。サドはそのもっとも極端な定式を提供した。人間がその行為の正当な目標であるという原理から発して、サドは二段階の還元を行う。まず、幸福は本質的に性的快楽に帰着させられる。次いで、人類は孤立した個人、欲求を持った主体に還元される。『あなたの力とあなたの意志の限界を除けば、あなたの快楽にはどのような限界もありません[13]』。したがって何ものも個人の自立を制限せず、この自立は経験が生み出されるその瞬間瞬間の濃密さのみを渇望する。そうして世界はここと今とに縮減される。もう少し誇張の少ない仕方でならば、こうした理屈は当時の多くのリベルタンにも共有されていた。それに反して、ルソーはそうした議論に真っ向から反対した。まず何よりも、社会がその構成員の力や意志をまったく制御せずにすませられることなどルソーには想像もつかないからである。ルソーは、「さて、自分の心の願いだけを掟としている者、自分が欲していることについてはどんなことにも抵抗できない者にはどんな罪が定められているのか、わたしに教えてもらいたい[14]」、と記している。何よりも、ルソーは個人の自足が罠であることを知らないわけではない。「誰もが自分の幸福は自分のうちにはなく、自分を取り巻くものすべてに依存していることが分かるでしょう[15]」、とルソーは言う。感覚論者や自己中心主義者の諸説の欠陥は、それが不道徳だという点にあるのではなく、それが誤りだという点にある。確かに西欧社会は往々にして西洋や東洋の宗教的敵対者たちが彼らについて描き出した戯画にも似た印象を与えてきた。この一派の連中はもっぱら物質的な成功、金銭、金で買える快楽にのみ心を奪われているというのだ。しかし、そうしたやり方が不満だからといって、神を引き合いに出す必要はない。人間の欲求が実際に多様で数多くあることを思い起こせば足りる。

啓蒙の精神はここでは行為と行為の目的との間の距離を縮めることに存する。この目的は天上から地上に降り立ち、人類のうちに具現されているのであって、神のうちにはない。ところが、行為そのものは人間のもの、地上的なものである。この精神からの逸脱は、神という究極の目的ばかりでなく、それが何であれすべての究極の目的を葬り去るまでに至り、もはや運動のための運動、力のための力、意志のための意志しか求めようとはしない。わたしたちの時代は多くの点で目的や手段を神聖視することを忘れた時代となった。そうした急進化のおそらくは一番明らかな例をわたしたちに示してくれるのは、科学の発展であろう。科学が奨励され資金を供給されるのは、そうした科学の仕事が直接的あるいは間接的に幸福、解放、平和といったとりわけ人間的な目的に奉仕するからではなく、科学者の優れた技量を証明するからである。あることが可能であれば、それは実現されねばならないと言うこともできよう。そうでなかったら、なぜ火星に行こうとするのであろうか。経済もそれはそれとして、発展のための発展、成長のための成長といった同様の原理で機能する。政治的決定機関はそうした戦略を追認するだけで満足しなければならないのだろうか。すでに数十年前から第三世界の国々では異論の余地のない結果が生み出されているし、その帰結は西欧の工業国でも同様に認められる。金融資本主義の勝利を、それがわたしたちの利益だからといって、あるいはそれが自分に酔いしれた運動の現実的進行だからといって、グローバリゼーションや地方分権といったその結果とともにわたしたちは受け入れなければならないのだろうか。

そうしたあらゆる外部の目的の消失は時として自由主義的民主主義の政治生活に衝撃を与え、人々は疑いを抱き始めている。つまり、男性（あるいは女性）は権力を何らかの理想に役立てようとして政治の道に入るのだろうか、それとも自分たちの役割は可能な限り長い間権力を保持することなのだからという理由で、たんにそれ自体としての権力にあこがれるのだろうか、といった問いが抱かれ始めているのである。もちろんこうしたジレンマは古くからのものなのだが、我が国ではそうしたジレンマは特別な鋭さを持つに至っている。そうした成り行きのひとつの例はフランスの最近の政治生活のあるエピソードが与えてくれる。二〇〇五年五月二九日のヨーロッパ憲法に関する国民投票である。「賛成」、「反対」、二つの陣営の指導者たちが表明していた立場は実際にはすんなりと実現されたわけではなかった。フランスの国家元首によってなされた、国民投票を行うという決定そのものが何やら耳目を騒がせるものであった。ジャック・シラクは、それまで二回の選挙に訴えて失敗し、それゆえまた敗北を喫するおそれがあることを十分承知していた。また議会の主要会派が憲法草案に好意的であり、草案は投票者のおよそ九〇パーセントから承認されたことによって、草案の承認にとってもっとも自然な方法である議会での投票が自分に有利に働いたことも、大統領は十分に承知していた。ところが敗北の危険を冒す方をフランスの大統領はあえて選んだ。なぜだろうか。あらゆる状況からして、そこで働いたのは純粋に戦術的な選択であったことが分かる。問題を国民投票に委ねることで左翼の有権者を分断し、それによって左翼を弱体化し、二〇〇七年に行われる次の大統領選挙を目指したのである。シラク大統領はおそらくはヨーロッパ憲法を誠実に支持していたのであろうが、権力を自分の手かそれとも自分の支持者の手に残ることを確かめたいとの欲望の祭壇に、ヨーロッパ憲法が犠牲として捧げられてしまったのだ。

シラクに対して、その指揮に反対する社会党のメンバーで、反対のキャンペーンに関わった唯一の第一級政治家であるロラン・ファビユスも違った振る舞いをしたわけではなかった。それまでは親ヨーロッパ的な立場で知られていたファビユスは、反対キャンペーンに身を投じて世間を驚かせたのだが、彼にしても二〇〇七年の大統領選挙を視野から遠ざけるには至らなかった。彼の狙いの第一目標は左翼全体の文句のつけようのない候補者に自分を仕立て上げることであった。そのためには、とくに自党内左派の支持を広くかき集めなければならなかった。おそらくはヨーロッパ憲法を重要なものと考えていたにもかかわらず、ファビユスはそうした理由から（「左翼の」）反対を支持したのである。ファビユスもシラクも、権力をより広範な理想のために役立てようとするよりはその権力を手にすることを目的に動くだろう。

目的に達するための手段であるべきであったはずのものを次第に目的に接近させようとする運

動、別な言い方をすれば手段を目的に変ずる運動はそれ自体すでに十八世紀から姿を現していたのだが、奇妙なことにそれは特別な分野、芸術、そしてさらに言えば絵画の分野に限られていた。思想を感覚的世界の表現様式を通して表現しようとする考えは、言語表現を通して表れる思想よりもつねに一世紀あるいはそれ以上先立つことも確かである。個人がまとうことができる性格とは別に、その特異性そのものを理由に個人を分析しようとする関心は、十六世紀のモンテーニュやその同時代人に際だっているが、そうした関心は十五世紀中葉からフランドル派、次いでイタリア派の肖像画や自画像という形で絵画に取り入れられていた。プロテスタント諸国での公式演説が家庭内でのもろもろの徳目を神の戒律に従う手だてとして称賛したのが十六世紀であったが、同時期のオランダ派の画家たちの絵は理想化された人間の姿を、人間より上位のどのような実在を引き合いに出すこともなく表現している。彼らは自分の子どもの上にかがみ込む母親の仕草、子どもが病気の時にその瞳に現れる不安を美しく描きあげた。

　十八世紀には絵画の解釈は性質を異にしたものとなった。絵画に見いだされたのは神のためのものでもなければ、人間のためのものでもさらさらなく、芸術に対する賛辞であった。システィナ礼拝堂のミケランジェロのフレスコ画は宗教性に満ちあふれた精神の所産であったが、この絵はそれを称賛したイギリスの画家レイノルズ[*4]に「芸術の尊厳という考え[16]」を与えた。芸術の目的は、これ以降は徳ではなく美を具現することとされる。ゲーテは、同じフレスコ画の前で、教義上のメッセージは脇に置いて、芸術家のパフォーマンスにしか目をとめないのである。ゲーテは、「一人の人間が何をなしえるかを目の当たりに見てとろうとするには、システィナ礼拝堂を見ておかなければならない(17)」、と言う。画家たち自身、自分が描いた絵の理由づけは何にもまして自分が描いたものに秘められたその絵が何かということをとらえること、別言すれば美を生み出すことにあるような絵を描いていた。その証拠は、ヴァトー[*5]の夢見るような人物たち、シャルダン[*6]の静物画、ゲーンズボロ[*7]の風景画、あるいはフラゴナル[*8]の想像力溢れた肖像画である。

こうして、画家も彼らの絵の鑑賞者もずっと以前から表現されていながらそれまで幾世紀もの間沈黙に覆われてきたもの、すなわち画家自体の技量という絵画の持つ次元を明らかにすることに満足を覚えたのであった。こうした発見は時として「芸術のための芸術」と呼ばれるものへと人を誘う。しかし、芸術の転回はそうであったとしても、政治や経済が同様の要請に従わなければならないということはない。政治家の言い回しや企業家の有能ぶりをほめることはできても、それはそれとして双方ともその行為の結果について判断が加えられなければならないのである。自分に固有の法則に意識的な芸術は啓蒙の精神に対立しない。ところが、科学や政治が自分の関わる行動の人間的な目的をないがしろにしたままにすれば、それは啓蒙の精神やわたしたちが科学や政治に期待する恩恵を危険にさらすことになるのである。

第七章　普遍性

行動の自由は当然のことながら人間が抱く目的によって、しかしまたそうした事実を意識することによって制約される。すべての人間は同一種に属し、したがって同様の尊厳に対する権利を有する。こうした要請は人がある国の市民を念頭に置くかそれとも地球の住民を念頭に置くかで違った意味合いを持つ。

ルソーが自分を取り巻く社会に眼差しを投げかけたとき、ルソーはそこに法の上の平等も事実上の平等も見いだしてはいない。そのことが人間の現状に関するルソーの最初の包括的な考察、『人間不平等起源論』を書かせるモチーフとなった。ルソーは言う。「一握りの人々が余分なもので満ち溢れているのに、その一方で多くの飢えた人々が必要なものにも事欠いているというのは、明らかに自然法に反している」[1]、と。富の再分配が始まった時をただ思い浮かべてみるだけでも、正義の国家という枠組みのなかに身を置いてみなければならないが、それはルソーが生きた国々の場合には当てはまらない。そのためルソーはそうした国家がどのように組織されなければならないかを考えることを企て、『社会契約論』では法の前での厳格な平等の要請という考えに到達した。「社会契約は、市民の間に平等を確立するので、市民はすべて同一の条件のもとに義務を負い、同一の権利を享受すべきである」(2)。国を治める意志は、ただどのような意見も排除しないという条件のもとでのみ、本当に一般的なものとなる。

十八世紀中葉のフランスはそうした要請を満たすにはほど遠かった。人々は同一の特権を享受することのできない、いくつかの階層に分けられていたし、女性は男性と同等の権利は持てず、奴隷は権利などまったく持ってはいなかった。ルソーは一個の原理を打ち立てた。その実現、それには時間がかかることだろう。市民の平等という理念はその一部が一七八九年に、そして一八四八年に完全に採用されるだろう。奴隷はその同じ年に廃止される。女性が参政権を手にするのは一九四四年になってからのことになる。さらにはこうした法の前の平等もすべての差別を取り除くには不十分であり、平等の要請は今日でも依然として現実的な要請にとどまっている。わたしたちの闘いはなお啓蒙主義のプログラムからアイデアを借り受けているし、それは二世紀あるいは三世紀前に人々が着手した闘いの延長でもある。ダニエル・デフォー[*1]はすでに女性が劣っているのはもっぱら教育を受けることが不可能とされていることによると断言していたし、エルヴェシウス[*2]は女性が本来、男性と同等であることを確信していた。コンドルセは男子と女子が同じ教育を受け、同じ場所で男性か女性の別なく同じ教授によって教育されること、そして法が女性をいかなる職業につくことも妨げないことを求めていた。

啓蒙思想家たちは、奴隷制に対して有効な闘いを始められはしなかったとはいえ、奴隷制を非難した。「奴隷制は自然法に反すると同様に市民法にも反している(3)」、とモンテスキューは宣言した。ルソーはそうしたやり方を維持するために通常与えられるあらゆる正当化を、「奴隷制という語と権利という語とは矛盾し合っており、互いに相容れない(4)」、と一蹴した。コンドルセはその『黒人奴隷制に関する考察』(彼はM・シュヴァルツの偽名を使って署名していた)を、「人を奴隷の状態に貶め、売買し、使役に供するのは真の犯罪、盗みよりもひどい犯罪である(5)」との言葉で始めていた。フランス革命に際して、オランプ・ド・グージュ[*3]は戯曲『黒人たちの奴隷制』を書き、また女性と女性市民のための権利宣言を発して、奴隷制の廃止のため、そして女性の権利の平等のための二重の闘いを遂行することを提案した。彼女自身が手にしたのは絞首台への権利だったのだが……。

国境の彼方では普遍性はまた別の意味を持つ。ある国の住民すべてはその国の市民となるはずであり、地球の住民すべては苦もなく全人類ということになるはずである。人々が共通に有するものの方が人々に違いをもたらすものよりもより本質的なものである。「わたしは必然的に人間であるが、わたしがフランス人であるのはたんなる偶然にすぎない(6)」、とモンテスキューは明言した。啓蒙の精神から深い影響を受けたと感じる人々は、自分の国よりも自分が人類に属していることにいっそうのいとおしさを感ずるものだ。ドゥニ・ディドロは一七六八年二月二二日にデイヴィッド・ヒュームに、「親愛なるデイヴィッド、あなたはすべての国の民なのですから、不幸な人々に洗礼証明書の写しを見せるように求めたりはけっしてなさらないでしょう。わたしもあなた同様、世界という大都市の市民であることを誇りに思っています(7)」と書き送った。

普遍性は、人が自分自身について作りあげることができるイメージの原因であるだけではない。この世界、善悪がもはや神の言葉に基づくものでもなければ、また伝統の教えに基づくものでもないこの世界では、普遍性が可能な限りの説明の根拠をもたらしてくれるのである。人類の一員であることが善の選択を有効なものとするのだ。「何を正義、不正義と呼ぶのか」、とヴォルテールは『哲学対話』で問いかけ、「世界全体にとってそう思えるものがそうだ(8)」と答える。ルソーもやはり正義と不正義を利他主義と利己主義の結果と解する。「わたしたちの心づかいの対象が直接わたしたち自身に関係することが少なければ少ないほど、個人的利害にもとづく錯覚を恐れる必要はなくなる。この利害を一般化すればするほど、それはいっそう公正になる(9)」。一般化は正義の基準を生み出す。知られているように、カントはこの精神からあの定言命法、すなわち、任意の行為はそれが普遍的たりうる格率に合致する場合には正当である、を定式化したのである。

平等はしたがって市民権の、そして人間道徳の根底にあるものである。そうした人間はただ人間であるという性質から生じる権利を手に入れられるのであろうか。それこそが、近代自然法学派の流れをくむ幾人かの思想家たちが考えたことであった。彼らはこの権利の根拠を宇宙の秩序のうちでもなければ神の言葉のうちでもなく、わたしたちがすべて同一の種に属していること、そして同じ尊厳を備えていることに求めた。普遍的な権利が存在する、十八世紀中葉にそうした著作家たちのうちでもっとも影響力のあった者の一人、クリスチャン・ヴォルフ[*4]はそう書いた。そしてその権利は、「人間である限りの各々の人間に属する」[(10)]。まったく明らかなことだが、こうした自然権は市民としてそれを享受する人々と同等のステータスを持ってはいない。正義を執行する組織を備えた国家が不在であれば、人が自然権を享受できる何の保証もないからである。そうした視点からすれば、この普遍的な権利は道徳原理に近いものとなる。そしてこの原理は強制力を持たないので、望ましいものとして認知される。とはいえ、この人権と称されるものを考慮に入れ、憲法に取り入れることを阻むものは何もない。この時点から、普遍的に承認されたことを利点として、これらの権利は国の内部で法としての力を獲得することとなる。まさしくこうして一七七六年からアメリカの権利の諸宣言、一七八九年のフランスの人権宣言は実施されたのである。

今日人権は大きな威信を得ており、ほとんどすべての政府はその擁護者として映ることを望んでいるようである。しかしそれだからといって、状況がそう求めているような場合には、もっとも雄弁に人権を掲げるそうした政府が実際上人権を投げ捨てるのを妨げることはできない。

たとえば、死刑がその例である。ベッカリーアはその『犯罪と刑罰』において、この点に関する啓蒙思想の考えをもっとも良く表明している。すべての人類は、あれこれの国の市民としてではなく、種の一員として生きる権利を持っており、この権利は譲渡することのできないものである。わたしは自然の自由を放棄して市民としての自由（そして保護）を手にすることができるが、わたしはわたしの生死に関する権利を、公然とであるにせよ暗黙のうちにであるにせよ、共同体にけっして委ねてはいない。集団の意志によってこうした個人の意志がまったく消し去られてしまうことを正当化しうるものは何であろうか。犯罪者が人に害を及ぼさないようにする必要性ではない。というのも、犯罪者を殺すためには、あらかじめその者を捕らえておかなければならず、したがってすでに収監されているからである。その過ちを償わせるためか。そうした罰が意味を持つのは、人がある種の死後の生を信じる場合にだけであろう。あの世では、死刑にあった人物は罰の重さのおかげで自分の罪の重大さがどんなものかを知ることになるだろう。もしその人物があの世に居合わせなければ、教訓は当然その者にとっての意味を失ってしまうことだろう。

生き残っている人々に対する厳罰の威嚇的価値という、よく引き合いに出される別の正当化がまだある。見せしめのための刑罰というものである。けれども、どう観察してもその効果が法に適っていることがこれまで確認されることはなく、以前から死刑を実施しているヨーロッパの国、アメリカでも高い犯罪の増加率を示しているのである。ベッカリーアについて言えば、死刑が罰すると称している殺人に反対するどころか、死刑は殺人をまねているという理由で、そうした効果のほどについては懐疑的である。「立法者の手を導いた残酷な精神がそれと同じように父親殺しや殺人者の精神を導くものとなっていた[11]」、とベッカリーアは言う。ベッカリーアはそうした刑罰はそのまねを引き起こす危険さえあると考えた。「死刑は、それが与える凶暴さを見せしめにすることによって有害である[12]」、と言うのである。確かに戦争時にはそれぞれの政府は自国民にできる限り敵を殺すように許可し、励ましさえする。しかし、まさしく、戦争はどのような交渉による解決にも達し得なかったがゆえに宣言されたのである。それ以外の時には、ある国の市民は法に従って生活しているのであって。まったく合法的に軍事行動を模倣することは法の精神を犯すことである。「一般意志の表明であり、殺人を非難し罰する法が、自ら罪を犯し、市民が殺人を犯さないようにと、公的な殺人を命じることはわたしには馬鹿げているように思われる[13]」、とはベッカリーアの言である。

政府によって時として行われるもうひとつ別の人権違反を構成するのは拷問である。すべての人間は自分の身体保全の権利を持っている。当人だけが自分で自分に傷害を加えたり、自殺したりしてその権利を放棄することができる。したがって殺人以上に、拷問は合法的とはされない。拷問を行う政府はサディズムからではなく、不可欠と判断する情報を入手するためにそうするのだが、ベッカリーアによれば、そうした政府は「苦痛が真理のるつぼとなること[14]」を望んでいるのである。その結果には高い代償が支払われた。というのも、その価値が疑わしい告白を引き出すために(苦痛を止められるなら何でも告白するだろう)、ただ拷問される者に容認しがたい苦痛を加え、その跡が終生残るようにするばかりでなく、拷問を加える者の精神の内部を破壊して普遍的な人間共同体という感覚を失わせ、そうしてすべての国民に法が科した限界を超えることを容認するメッセージを送るからである。

フランス軍はアルジェリア戦争中組織的に拷問を行った。それはとりわけ一九五七年以降警察機能を委譲された時から際立ったが、アルジェリア戦争のような内乱では敵は目に見えず、誰が敵かを知るためには情報収集が必要だという理由で拷問が正当化された。往々にして口実としてさらに付け加えられたのが、「定められた時刻に爆発する爆弾」という口実だった。それは実際には例外的なケースでしかなかったのだが、拷問は数千の人々に加えられ、しかも爆発の予定刻限を過ぎてもさらに長い時間続けられた。その当時こうした拷問を止めようとしていたジェルメーヌ・ティリオン*5はパリの大司教あてに次のように書き送った。「この六カ月の間、イスラム教徒やキリスト教徒の若い娘たちが取るに足らない理由から、あるいは何の理由もなしに拷問されています。裸にされ、浴槽に漬けられる拷問、電気を使った拷問を受け、時には性器に電極を付けられ、後ろ手に縛られ、手首から吊されることもあります。これは仮死状態をもたらしますから、十字架にかける拷問にも等しいものです」(一九五七年十月七日(15))。

二〇〇三年一一月にイラクの囚人マナデル・アル＝ジャマディがCIAのエージェントによってバグダッドのアブ・グレイブ刑務所で拷問されたのも、こうしたやり方によってであった。彼は肋骨を六本折られ、頭にはビニール袋を被せられ、手錠をかけられ、後ろ手にされて吊し上げられた。収監許可が下りて一時間と経たないうちに、アル＝ジャマディは窒息死した。幾人かは、ただけで生き残った。アメリーは『罪と罰の彼岸』でその体験の詳細な記述を残している。その他の拘留者たちもそこで鞭で打たれ、裸で檻に入れられ、薬をむりやり飲ませられ、ポルノ映画を見させられ、鎖から放された犬たちにすぐ近くから襲いかかられそうになったりした。囚人たちの顔をすれすれに通るネズミの遠いかすかな記憶は、『一九八四年』のものでもある。

第二次世界大戦中のゲシュタポによって囚人とされたジャン・アメリー[*6]のように、吊し上げられ

おそらくはアメリカの秘密機関だけが、唯一囚人たちに拷問を加えているのではないだろう。とはいえ、アメリカ政府は拷問を合法化しようとする例外的な立場をとったのである。二〇〇一年九月一一日のテロの翌日、チェイニー副大統領はテロリズムと戦うために利用できる手段はすべて使うと約束した。二〇〇二年八月一日の法務省の覚え書には、そうした手段のいくつかが列挙されていた。個人を死なない程度に窒息させること、傷に薬をつけない、眠らせない、耳を聞こえなくする、しゃべれなくする、等である。多くの場合物理的な拷問よりも心理的な拷問が行われる。しかしそれによって、囚人たちは狂気の寸前まで追いやられ、回復不能な心的傷害を負

わされるのである。アメリカ政府は終始一貫して戦時下の捕虜に関するジュネーヴ協定に従ってテロリストを取り扱うことを拒否し続けている。アメリカ上院議員でありヴェトナムで拷問を受けた元囚人でもある、ジョン・マケインは、CIAの囚人に対して他のアメリカの囚人の場合と同様の規則を課する法案、言い方を変えれば拷問を不法とする法案を提案した。法案は、最終的には上院で採決されたが、ホワイトハウスからは情け容赦なく攻撃された。こうした拷問行為はテロ攻撃と軍事介入の後でも数年間にわたって生み出され続けた。ここで衝撃的なのは、たんに拷問が容認されているだけでなく、拷問が国内の安全のため、拷問が踏みにじっている権利そのものである、人権のために要請されていることである。

死刑や拷問はしたがって、啓蒙主義が打ち出した普遍性の拒絶である。普遍性がターゲットとされた逸脱は普遍的なものと個別的なもの、統合と寛容との間のバランスを打ち壊すことにある。啓蒙主義はそのどちらをも要求したが、そのことはこれらを隔てる境界が一気に固定されうるものではないことを想定させる。仮に統一を目的とするすべての手段が良いものであっても、各人の自由は脅かされる。仮に人権が公的な場での抗いがたい唯一の指標のままでいて、言説や行為の正当性の物差しに変わってしまうとすれば、人は「政治的には正しいもの」の場、魔女狩りの民主主義版であるメディアによる私刑の場に立ち入ることになる。それはある種の道徳的高揚ではあろうが、結果的にはその場から外れた言説をすべて抑圧するものとなる。すべての議論の背後に姿を現す、こうした道徳的恫喝は民主主義的生活にとって有害なものとなる。真なるものよりも善なるものが過剰な支配をもたらし、まさにそのために騒々しく善を持ち出すことすべてに虚妄の外観を、そして支配的言説に対抗することすべてに真理の外観を与える。こうして、フランスでは、たんに政治的に正しいことの反対を言っているにすぎないのに、唯一あえて「真実を語る」ものであることを鼻にかける極右の主張がまかり通る。かくして「政治的に卑劣であること」と呼びうるものが市民権を得るのである。

権利は道徳と混同されてはならず、わたしたちには不快な言葉の使い手も法廷に引き出されるようなことがあってはならない。ベッカリーアによれば、「判事のつとめは、人々の感情ではなく、人々を相互に結びつける法典を尊敬させることである」[16]。同じ理由から、国際的な司法も普遍的な道徳の役割を持とうとしてはならず、ヨーロッパ連合の構成員である国家間を結びつけているもののように、現存の法典や条約に基づかねばならない。契約当事者全員がその使用にまったく同意していない法律は、権利という考えそのものを危うくする。

ということはすなわち、ある国が隣国の合法性や人権を回復するために暴力を用いること、今日干渉権と呼ばれているものは正当化されないということである。この言い方での権利という語の使用はもっとも奇妙なものに属する。いったいどんな根拠から、まったく同意もないのに、他人の問題を解決するためにわたしがそうした権利を自分に与えたりできるのだろうか。連帯感がわたしたちを地球上のすべての住民に結びつけているのなら、必要な場合には、わたしたちは援助する義務があるだろうが、人々が苦しんでいる国に軍事的に侵略する「権利」は持ち合わせていない。ここでの問題は、CIAによって行われた拷問の場合のように、用いられた手段が求める目的を台無しにしてしまうことである。起こりうるこうした偏向は、提案することと科すこと、影響を与えることと強制すること、平和と戦争とのあいだに明確な境界線を引くことを余儀なくさせる。二項のうちの前者は他人の苦しみに対するわたしたちの共感を無にすることはないが、後者はそれを無にしてしまう。

啓蒙の直接的な先駆者の一人で、カトリックの迫害を逃れたプロテスタントであるピエール・ベール[*7]は、力を用いて善を科そうとする人々に対して警戒するのに必要な言葉を見いだす術を心得ていた。善とは、この場合プロテスタントたちの魂を救済すること、したがって彼らをよりいっそう幸福にすることを望むカトリックの人々によって定義されていた。そのためにカトリックは力に訴えることもためらわなかった。つまり、善は（他者における）何らかの犠牲に値するほどに大きいのだ。あの福音書の戒律、「強いて入らしめよ」（「ルカによる福音書」、第一四章二三節）にベールが加えた解釈を掲げよう。「かたくなな者をなぐり鞭打ち投獄し掠奪し殺してしまえ、その手から妻子を奪え、わたしのためにそうするのならそうしたこともみな正しい、ほかの場合にはひどい罪悪になるが[17]」。人は下劣な手段によって高貴な目的に到達することはできない、なぜなら、その途上で目的が失われることになるからである。そういう風に植民地の入植者たちはしてきたのであって、彼らは原住民に平等をもたらすという口実で彼らを服従させた。そういう風に今日でも各地で軍事力が働いているのであって、人々に自由をもたらすと称して彼らの頭上に「人道的な」爆弾を投じているのである。

普遍性は、法の埒外での力の行使を正当化するものではない。しかしながら逆に、各人を尊重するということは共通の規範が存在する理由がないという意味ではない。外国の伝統に深く根を下ろしていたとしても、ある種のやり方はやはり非難に値するだろう。外性器切除はその一例である。人権への背反、それは軍事的介入を正当化するものではないが、かといってそうしたやり方が唯一の実行手段でもない。それほど遠くない過去にわたしたちがしたことが、現在していることとどれだけ違っているかをわたしたちは忘れてしまう。やることが変わったとしても、外国の占領がその原因だからではなく、国内での必要性からそうなっているのだ。反対に法がそれを禁じている国で外性器切除が行われたなら、文化的特性を理由にして容認するいかなる謂われもない。女性に加えられる暴力、その他の広範に行われている「伝統」、あるいは刑務所で加えられるひどい処遇、また表現の自由に対して加えられるテロ行為についても同様である。こうしたやり方がどれもたいした違いはないものだと考えることは、寛容にかこつけて、人類としての統一をうち捨てること、また最終的にはわたしたちには許されている処遇を自分たち以外の人は享受することもできなければ、その資格もないと判断することに帰着する。権利の平等は交渉の対象となりはしないのである。

啓蒙の世紀は、他者をその異質性において発見し、他者がかつてあるいは別の場所で暮らしたという事実を発見したことで特徴づけられる。そこでは、それ以前の時代にやってきたように、他者のうちにわたしたちの理想の具現とか、現在のわたしたちの美点の遠い過去の告知を見ようなどとはしなくなる。とはいえこうした人類という種の内部における多様性の承認は、急進的な相対主義を免れ、わたしたちに共通する人間性を放棄することがない場合にのみ豊かなものとなるのである。

第八章　啓蒙とヨーロッパ

啓蒙の精神は、今日ではそのことを指摘できるように、一個の奇妙な問題を提出している。つまり、その材料はさまざまな時代、世界の偉大な文明に見いだされるのだが、それに対してこの精神は十八世紀という特定の時代に発して、そして西ヨーロッパという特定の場所だけで、自分の価値を認めさせることができたのである。この二つの問題の各々を簡単に検討することにしよう。

いたるところでまたいかなる時でも観察できることではないにせよ、啓蒙思想は普遍的なものである。これがまず何よりも確認しておかなければならないことである。啓蒙思想を前提とする実践だけでなく、さらには理論的な自覚についてもそうである。その痕跡は紀元前三世紀、インドで皇帝に提出された教えのなかや皇帝が公布した勅令に見いだされる。さらに六世紀から十世紀にかけてのイスラムの自由思想家にも見いだされ、あるいは中国では十一世紀から十二世紀の宋朝時代の儒教復活期、またブラックアフリカでは十七世紀から十八世紀初頭の奴隷制に対する反対運動においても見られるものである。多少行き当たりばったりのものとなるが、もっとも多様な地域から起こったこれらの見解を構成する要素を枚挙してみよう(1)。

たとえばそれは、同一領土内で実践される宗教の多様性と結びついた宗教上の寛容の勧めである。インドでのバラモン教と仏教、中国での儒教と仏教、中東でのイスラム教、ユダヤ教、キリスト教、ゾロアスター教、マニ教の存在、さらにはブラックアフリカでのイスラム教と世俗的伝統との共存などである。往々にして十八世紀のヨーロッパについて言われるのと同じように、寛容がすべての人にとって戦争や迫害よりも好ましいということがいたるところで確認される。おそらくはこれと結びつくのであろうが、もう一つ別の要請は世俗性、政治的なものと理論的なもの、国家権力と宗教権力を分離する必要性に関係する。人間社会は純粋に人間的な原理を基礎に導かれることが望まれ、またそれゆえに地上の権力は彼岸との仲介者たちの手のなかにあるよりはむしろ王侯の手中にあることが望まれるのである。

政治権力の自立、さらに知識の自立〔が確認される〕。それだからインドで示されたように、王たる者は天体からの前兆やメッセージに従ってはならず、唯一合理的な探求に信頼を寄せなければならないという考えが生じる。あるいはまた九世紀の高名なアラブの医学者ラジ[*1]による、経験からくみ取られ、唯一理性に指揮された厳密な人知の擁護というものもある。中国史を彩る数々の技術上の発明は知識の領域における自由な探求の証しである。数学、天文学、光学、医学などの諸科学がイスラム世界で達成した進歩については言うまでもない。

同様に広範に認められる特色は普遍性、すべての人間の同等の尊厳、道徳の普遍的な基礎づけ、したがって人類の統一性に関係するものである。「世界全体に善をなすことにまさる活動はない」と紀元前三世紀のインドのアショーカ王[*2]は宣言している。アフリカで奴隷制に反対する闘いの起点ともなるのはこの考え方である。一六一五年にアハマド・ババ[*3]は人種間の平等を弁護し、黒人奴隷擁護論者の正当性を真っ向から拒否した。

ヨーロッパ啓蒙精神であるとわたしたちが判断するものに関連してここで多少気ままにわたしが集めた諸見解は大なり小なり力強い、そして大なり小なり持続的な役割を果たしている。インドでは、信仰や迷信を減らして合理的な探求に特典を与えることが奨励されたが、それは行うのは君主だけに限られていて、住民全体に広げられることはなかった。そこには啓蒙主義に近いものがあるが、それは本質的には「啓蒙専制君主」に関係を持つものである。イスラムの「自由思想家」も十世紀からは厳しく抑圧された。もっとも意義深い類似が残っているのは中国の儒教教育であるが、これは原理上自然と人間の世界に関わるものである。つまり目標として人格の完成が掲げられ、そしてその手段が教育と労働だったのである。十八世紀のヨーロッパのフィロゾフたちが中国の「モデル」に特別な共感を抱いたとしてもそれは偶然ではなかった。認めなければならないことではあるが、彼らはそのモデルについてかなりいい加減な観念しか持っていなかった）。

こうしたさまざまな展開はしたがって啓蒙の諸思想が少しもヨーロッパの専有物ではなく、むしろそれが普遍的なものであることの証しである。とはいえ、十八世紀にこの運動が加速され、強化されたのはヨーロッパにおいてである。ヨーロッパで大規模な思想的統合がなされ、次いですべての大陸へと広がった。まず北アメリカ、続いてさらにヨーロッパ、ラテンアメリカ、アジア、アフリカに広がったのである。なぜヨーロッパであって、たとえば中国のような他の場所ではなかったのか、そう問い返さずにはいられない。この困難な問いかけに一挙に答えを出すことは望みようもないが（歴史的な変動は、多様なさらには矛盾する原因による限りなく複雑な現象である）、ヨーロッパにあって他の地域には欠けている特色を指摘することができるだろう。それは政治の、民衆の、そして個人の自立である。この自立した個人が（インドでのバラモン修道僧、イスラムの地での神秘主義者、中国の僧侶のように）社会の外ではなく、社会の内部そのものに場を占めていたのである。ヨーロッパの啓蒙主義に固有なもの、それは個人、民主主義といった概念に結びつくものの到来を準備した点にある。しかしこうした思想がまさにヨーロッパで隆盛を迎えられたということはどのように説明されるのだろうか。

この場合でもまた、その答えは多様なものでしかありえない。すなわち、ヨーロッパは単一であるとともに複合的なのである。啓蒙期の人々はそのことに十分気がついていた。ヨーロッパの強国は相互にある種のシステムを作り上げ、商業ならびに政治によって結びつけられ、同一の一般原理に拠っていた。このシステムは、一方では科学の統一と知識の分野での進歩を形作るものに精通する可能性に基礎を置き、また他方ではキリスト教教育と自然法の伝統に根ざした理想の共同体に基礎を置いた。ルソーは、「今日ではもう、人がなんと言おうが、フランス人もドイツ人もスペイン人も、イギリス人さえもいない。いるのはヨーロッパ人だけだ(2)」、と渋々認める。同時にヨーロッパ人たちは誰もが国と国とを隔てる違いにも敏感であった。その理由は、そうした違いから利益が引き出されるからであった。外国への旅行や滞在は当たり前以上のこと、不可欠なことであった。大著『法の精神』に取りかかる前に、モンテスキューはヨーロッパを駆けめぐり、そこで出会ったさまざまな人々や習俗を研究することが必要だと判断した。同様に、自分の教育を完成させるために、ボズウェル[*4]はヨーロッパの大旅行に出かけた。一方オーストリア陸軍元帥、駐ロシア大使でフランス語作家でもあったリニュ公[*5]の場合、ブリュッセルとウィーンの間の旅行は三四回を数え、人生のうちの三年以上を馬車の中で過ごした。公はその経験をもとに、「どこでもわたしは自分の外国人という立場が好きであった。オーストリアではフランス人、フランスではオーストリア人、ロシアではそのどちらでもあった。それはいたるところでも楽しみ、どこでも人に頼らないでいる手段である(3)」、と記した。

外国は学ぶ場所でもあれば、迫害を逃れる場所、自分自身の探求に駆り立ててくれる場所でもある。イギリスでのプリーストリー[*6]の同様な発見から刺激されなかったならば、フランスでラヴォアジエは空気と水の秘密を洞察することはできなかったろう。どの国をとっても他国に決定的に勝ることはない。プレヴォー[*7]、ヴォルテール、ルソーはイギリスに、ヒューム、ボリングブルック[*8]、スターン[*9]はフランスに滞在し、ヴィンケルマン[*10]やゲーテはイタリアに向かうことになる。ベッカリーアはフランスにやってくるだろう。その一方で、ヴォルテール、モーペルチュイ[*11]そしてラ・メトリ[*12]はフランスを去ってベルリンのフリードリヒ大王〔二世〕の庇護の下に身を置き、ディドロはエカテリーナ二世に助言を与えにロシアに向かう。多様性はそれ自体恩恵の源泉である。イギリス人、フランス人、イタリア人を比較した後でヴォルテールは、「この三国民のいずれに軍配を上げなければならないのか、わたしには分からない。しかし、この三国民のそれぞれの独特の長所を理解できる人こそほんとうに幸せというものである」[(4)]、と結論づける。とはいえヴォルテールはこの幸福の理由を示してくれてはいないのだが。

世界の他の地域との関係で、ヨーロッパはその領域内に打ち立てられた国家の多様性で実際際立っていることは言わなければならないだろう。ヨーロッパをその面積がヨーロッパとほぼ等しい中国と比べれば、人はその対照に驚かされるよりほかないだろう。一方でのただ一つの国家に対応するのは、他方の今日四十を数える独立国家のうちの一国なのである。人々が不利な点だと思うようになるのも、また啓蒙期の人々がヨーロッパの利点と見たのも、この多様性である。まさしく、彼らにとってもっとも示唆的と思えたのは中国との比較であった。ヒュームは、「中国には礼節と科学のすばらしい資本があるように見受けられる。この資本が繁栄をもたらした長い世紀についてはこれまでそこから生まれ出たものよりもさらに完全でさらに完璧な何かを期待することもできたのではないだろうか。だが中国はただ一つの言葉を話し、唯一の法に支配され、同じ暮らし方で統一された広大な帝国なのだ(5)」、と明言する。当初は創意と創造力に溢れた資本が広大な統一国家の存在によって窒息させられて、その国では権威、伝統、打ち立てられた名声の揺るぎない支配が精神の停滞を引き起こした。古い格言が言い習わしてきたこととは反対に、ここヨーロッパでは分割こそが力を生む。ヒュームは、誰もが分け持っていた特長(ローマ帝国の遺産やキリスト教)のうちにではなくその多様性自体に、また個人の多様性ではなくそれを育む国家の多様性に、ヨーロッパのアイデンティティを見いだしたおそらくは最初の思想家だろう。理解しておかなければならないのは、どのような錬金術を使えば、泥から金をではなく、それ自体否定的な特長(違い)から肯定的な質のものへと変えることに成功したのか、どのように多様性が統一を誕生させることができたのかである。

十八世紀の思想家たちはどこに多様性の利点が存在できるかを知ろうと望み、いくつかの回答を提出したが、それというのもおそらくはこうした問いにさまざまな分野でぶつかったからであろう。手始めはもっとも問題な、宗教のそれであった。ハーグ〔オランダ〕へ旅行して、ヴォルテールはこの都市を支配している寛容に悦びを覚えた。すべての宗教が良いものに見え、しかもどれ一つとして他の宗教を排除しようとはしないのだ。十年後イギリスに滞在している最中に、ヴォルテールは同じ多様性の利点を観察し、「もしイギリスに宗派が一つしかなかったら、その専制は恐るべきものになるだろう。もし宗派が二つならば、互いにのどを切り合うだろう。しかしイギリスには宗派が三〇もあるので、みんな仲良く幸福に暮らしている(6)」、と結論する。こうした肩入れの理由を推測してみよう。もし一つの宗教が主導的立場を占めれば、その熱狂的な支持者たちは当然他の宗派を抑圧し、消滅させようとまでするだろう。他方で、二つの宗教が存在することは幾分かは対立をあおるだろう。宗教戦争、フランスを血で染めた内乱の記憶はまだすべての人の記憶に生々しい。数の上での三から始まり、外的なしたがって非宗教的な審級を前提とする多様性は相互間での平和を保証する。モンテスキューは自分からは宗教を非難しはしなかったが、宗教が多数あることを望んでいた。つまり、それぞれの宗教が自分の信者たちに行動の良き定めを教え込むよう努めることを望んだのである。「それにしても宗教が多数あることにもまして、この熱意をかきたてうるものがあるだろうか(7)」、とモンテスキューは言う。多様性はいい意味でのライバル意識を促進するし、またどのような善意もけっして多すぎることはないのだ。

一七四二年に公刊され、『技芸・科学の誕生と進歩について』と題されたエッセーで、ヒュームは文化的な開花をもたらしたものが何かを問い、確認する。それはつまり、ヨーロッパ空間を構成する国家の多様性こそが明らかに有利な要素ということなのだ。その利点は二つある。これらの国は互いに完全には無縁でなく、「商業と政治で結び合って[8]」おり、同時にその多様性が自由な空間を創造する。ヒュームはこの多様性が批判精神に加勢をするが、逆に単一国家のもとでは批判精神は窒息させられてしまうことを実際に発見する。たんに統一された広大な領土では強大な権力が求められ、指導者たちが一般市民から遠ざけられてしまうためにそうした権力が指導者を神聖化し、あらゆる非難から超絶しているかのように思い描かせてしまうからというだけでなく、さらには統一された空間では度を越した名声もけっして批判の対象とはならず、長い間維持される危険があるからである。こうした不幸な命運は、今しがた見たように中国の例で示されるが、またキリスト教の例からも分かる。この宗教の（カトリックによる）単一支配は「あらゆるタイプの知識の退廃をもたらした[9]」。逆に宗教改革とさまざまな形のキリスト教の革新以降新たな転機が訪れ、芸術や科学はふたたび開花可能となった。

ヒュームの同時代のヨーロッパ空間は、あらゆる断定やあらゆる名声に対する警戒心を養うという、多数であることの利点を提供していた。「隣り合った数多くの国家が芸術や商業上の多大な交流をしているところでは、互いの嫉妬心が、一方の国々に、趣味や理論に関して他方の国々の規範を軽々しく受け入れることを思いとどまらせ、それぞれの芸術作品に最大に念を入れ、細心の注意を払って検討するようにさせる[10]」、とヒュームは言う。パリでのあれこれの作品についての一時的な熱狂もロンドンやベルリンやミラノではそれほどの衝撃を与えないおそれもある。もしフランス人の趣味が力ずくで全ヨーロッパ空間に押しつけられでもしたら、誰もあえてデカルトの科学や哲学を批判しようとはしないだろう。そんなケースは起こらなかったのであって、この科学や哲学はフランスの国境の外で厳しい批判にさらされ、その結果ニュートン物理学によって押しのけられたのである。そしてまた今度は、後者は英国の外で容赦のない批判の対象とされ、そのおかげでニュートン物理学はよりよいものとなった。こうしてそれぞれの国が隣国の明敏さから利益を引き出すことができ、自国の蒙昧さを是正するのである。もしある作品が国境を越えて価値が認められるようになったとすれば、それはその作品が優れた質を備えていることの兆候であり、そうした名声はきっと不当に獲得されたものではないのだ。

その内側での多様性の恩恵を受けたのはヨーロッパが最初ではない。この内的多様性は古代ギリシア文化の繁栄の原因でもあった。山脈で隔てられたギリシア諸都市の地理的な配置はその独立の保証となり、共通の言語と利害が同時にその交流に幸いした。それは多様性と単一性の見事なバランスの結果だった。それは、「小さな公国がきら星のごとくかがやく星座[11]」であったが、そこではしかしながら「互いのライバル意識、互いの論争が知性を研ぎ澄ました[12]」。ヒュームが暮らした大陸はそれをモデルにして立てられていた。「ヨーロッパは現在かつてギリシアのミニチュアを範例としたそのスケールの大きなレプリカなのです[13]」、とヒュームは言う。他国であれば束縛と考えるものからヨーロッパの優位性が生まれる。「ヨーロッパは、世界の四つの大陸のうちで一番細分化されています。〔…〕だからこそギリシアで諸科学が生まれ、だからこそヨーロッパがそれをもっとも恒常的に受け入れる土地であったのです[14]」。ヒュームの言わんとするヨーロッパ人たちは他者との違いに寛容であることに満足するような人物ではなく、むしろこの統一の欠如から一個の個性を引き出した。それは、誰もが分け持っているもの、すなわち理性に根差しながら、いかなるタブーの前にも立ち止まることがなく、あえてあらゆる伝統を公平に検討しようとする批判精神である。この点でヒュームはモンテスキューに近づくことになるが、モンテスキューの重要な政治思想は自由に恩恵をもたらすことであり、批判する権利は自由の主要なあり方の一つであり、権力は同一人物の手に集中するよりは、複数であるべきだというものであった。

最後に政治空間における多様性とそこから引き出しうる利点という問題をふり返ることにしよう。というのも、この空間を構成する市民の世論や選択が一般的にはきわめて多様だからである。ところがそうした市民を統合する共和国はかいつまんで言えば、ただ一つの音声で語らなければならない。ということはそうした空間では諸個人の多様性がどのようにとらえられているかが観察でき、そうすることでそうしたとらえ方が諸民族の共存のためのモデルとしてわたしたちに役立つかどうか知ることができるのである。

人民主権は共通の意志のうちに具体化されるが、この共通の意志と各人の意志との間にはどのような関係があるのだろうか。この問いに答えるために、ルソーはいつも十分に理解されてきたとは言いがたい区別、全体意志と一般意志との区別を導き入れた。全員の意志とは個々の意志の機械的な集合である。その理想は全員一致であるが、現実はたんに票の多数である。意見が分かれれば、この意志はもはや全員の意志ではないか、さもなければお互いが一致するようにするしかない。全員の意志という理想は全体主義的な志向を萌芽的に含んでいる。つまり、そこではすべての市民は同一の理想をかつぎ出さねばならず、異端的な考えは――そうしたものがあれば――抑圧され、排除されるからである。

ルソーの言う意味での一般意志は逆に違いを考慮に入れたものである。その「一般性」は、法の前の平等として理解すべきものである。いかなる市民も排除されることもなければ、他の人々より低く見られることもない。「数からの除外は、どんな方式をとろうとも一般性を破壊することになる」[15]のだ。いかなる意味で、この一般性はすべての人に共通なのだろうか。ルソーが付け加えて言うには、一般性は個々人の意志に関する「差の総和」、「わずかな差の総和」[16]なのである。ルソーはここで微積分学の用語を使っているが、それはちょうどライプニッツによって仕上げられたものであった。一般意志は、恒等式の総和ではなく、それは各恒等式に対立しながら差を包含する総和を求めるのである。ライプニッツはこの個別的なものから普遍的なものへの移行を一つの都市とその住民がこの都市について抱く眺望との比較を用いて説明している。「同じ町でも異なった方角から眺めると、まったく別な町に見えるから、ちょうど見晴らしの数だけ町があるようなものである[17]」。

具体的に言えば、各市民は自分自身の利害を持っているし、あるいは利害は個人個人で多様である。もし人が力ずくで他人を従わせるのを断念するとすれば、唯一の解決法は、どこであれどこかの都市の住民の眺望のように、各人が自分のものの見方の特徴を自覚し、そしてそれに（ディドロの表現によれば「情念を沈黙させて[18]」）執着しないこと、また一般意志のものの見方に立つようにすることである。そうすることができるためには、各人はまずは自分のものとは意見が違う隣人の立場に身を置き、その人が考えたように考えてみようとしなければならず、そうしてみることによって、その後でお互いの違いを考慮したものの見方を身につけることができるのである。この問題についてのルソーの考察をたどったカントは、その場合に超人間的な業は問題にならないと考える。「まったく別な人間の立場に身を置いて考えること以上にそれ自体自然なことは何もない[19]」。こうして人は上位の位相において差異の統合を果たすのである。

したがって啓蒙の教訓が存するのは、多様性は少なくとも三つの仕方で新たな統合を生み出す、という点においてである。多様性は、ライバル意識のなかに寛容を吹き込み、自由な批判的精神を発展させ擁護し、自我と他者をより上位の統合へと導いて自我からの離脱を容易にさせるのである。今日ヨーロッパ憲法がこうした教訓を活かすことができるのをどうして見ないですまされるだろうか。この憲法が成就されるためには、憲法はたんに関税率に関する条約だけですむとか、まただ事務機構の改善で満足してはならず、さらに大陸の住民たちが誇りだと言えるようなヨーロッパ精神を担わなければならないのである。ところが、ここに一個の問題が生ずる。すべてのヨーロッパの国民が共通に持っているもの、科学的合理性、法治国家と人権の擁護は普遍的な資格を備えていて、とくにヨーロッパ的というものではない。同時にこの共通の基本概念は将来性のある政治的実体を組織する上では不十分で、各民族の歴史と文化に根差した個々の選択によって補われなければならない。言語の例は示唆的である。つまり、各々の人間のグループは普遍的な言語を用いる代わりに自分の言語を話す。そして今日では英語のような国際的なコミュニケーションのための一つの言語が存在するのだが、それは個々の言語をけっして抹殺することはないのである。

そのうえ、長い歴史を通じてヨーロッパの民族はもっとも多様なイデオロギー的選択の場に立たされることを経験し、それぞれの支配的教義がそれに対抗する教義を生み出すさまを見てきた。信仰はヨーロッパの伝統に属するがそこには無神論も含まれ、ヒエラルキーの擁護と平等の擁護、連続とともに変化、帝国の拡張と反帝国主義の闘い、革命そしてそれと同じだけの改良あるいは保守主義等々である。ヨーロッパに住む人々はあまりにも多様であるために、いくつかの共通の要素で一括りにすることはできない、さらにそれ以外の移民が加わり、移民たちは自分たちの宗教、習慣、記憶をもたらす。ルソーのように言うとすれば、「全体意志」が課されるにしてもヨーロッパ人の一部が他の側から暴力的な圧力を受けずには成り立たない。あるいはそうなるとしてもそんな意志は見せかけ、自分を誇示するためのご立派な仮面でしかないだろう。

逆に、ヨーロッパのアイデンティティ、したがってその「一般意志」が発揮されるとすれば、啓蒙期の分析に基づく場合だろうし、しかじかの性質を取り出してそれをすべての人に負わせる代わりに、わたしたちの相違に一致し、そこから利益を引き出す規定を統一の基礎とする場合だろう。その際、寛容といい意味でのライバル意識が、批判精神に基づく自由な検討、自分から他者の立場に立ち、そうして相互のものの見方を含む一般性の水準へと達しうるような自我からの離脱が奨励されるのである。もし人が全ヨーロッパ人に適合する歴史を書こうと望んだとしたら、不一致の部分はすべて省くことを余儀なくされることだろう。結果はその時の「政治的に正しいもの」の要請と一致して、人を不快にするものはすべて覆い隠された敬虔なる歴史ということになるだろう。逆にもし「一般的な」歴史を書こうとするならば、フランス人は自分たちのものの見方だけに閉じこもって自国の歴史を学ぶことに満足するのではなく、同一の出来事へのドイツ人、イギリス人、あるいはスペイン人、アルジェリア人、ヴェトナム人たちからの視点を考慮することになるだろう。そうすることによってフランス人はフランスの民衆が英雄とか犠牲者といった名誉となる役割をいつも演じてきたわけではないことを発見し、国境の両側に善と悪とがあると見るマニ教の誘惑から免れられるだろう。明日のヨーロッパ人が共通に抱かなければならないのは、そして自分たちのもっとも貴重な遺産として大切にしなければならないのは、まさしくこうした態度である。

消し去ることなく差異を統合しうる能力が、インドあるいは中国、ロシアあるいはアメリカといった、個人個人はきわめて多様であるが単一の国家のなかに包含されている、世界の大きな政治的集合体から、ヨーロッパを区別している。ヨーロッパ、それは諸個人の権利を承認するだけでなく、さらにはヨーロッパ連合の構成員である各国がそうであるのだが、それぞれの共同体の歴史的、文化的、政治的権利をも承認する。こうした英知は天からの授かりものではなく、高い代償を払って手に入れられたものである。寛容と相互承認を具現する大陸となる以前、ヨーロッパは痛ましい分裂、幾多の命を奪う争乱、絶えざる戦争の大陸であった。書物のうちにもそしてまた建物にも、さらには風景にも今なお記憶として残っているこうした長い経験は、数世紀の後に平和を享受するために支払わなければならなかった負債なのである。

啓蒙主義はヨーロッパのもっとも貴重な創造であり、一つでありながら複数でもあるヨーロッパという空間の存在なしには日の目を見ることのなかったものであろう。ところで逆もまた真なりである。啓蒙主義は、今日わたしたちが考えるようにヨーロッパの起源である。したがって誇張せずにこう言うことができる。ヨーロッパなしには啓蒙主義はないが、しかし啓蒙主義なしにはヨーロッパはない、と。

エピローグ

啓蒙は過去に属する。なぜなら啓蒙の世紀がかつて存在したからである。しかし啓蒙は「過ぎ去る」ことはない。というのも、啓蒙が過去からやってくるのはもはや歴史的に定まった教説を示すためではなく、世界に関する一つの態度を示すためだからである。したがって人はたえず啓蒙主義を思い出しては、それぞれの場合と訴える著者の気質に応じて、植民地主義、ジェノサイド、エゴイズムの支配などをかつてのまた現下の禍《わざわい》の源としてこれを告発するために、あるいはまた現在や未来のわたしたちの欠陥との闘いに救援に来るようにと、啓蒙主義に要請するのである。そしてわたしたちは「啓蒙の光を再びともし」、あるいはさらにまだ啓蒙主義を知らない国や文化までもその光で照らし出そうとする。それには理由が二つある。わたしたちは誰もが、それを攻撃する場合でさえも、啓蒙の子である。同時に啓蒙の精神が闘った禍は、十八世紀の人々が想像していた以上に頑強であることが明らかになった。その時代以降この禍はさらに増加さえしている。蒙昧主義、恣意的な権威、狂信主義といった伝統的な啓蒙の敵たちは、切り落とされてもすぐにまた生えてくるヒドラの頭のようなものである。というのも、そうした敵たちはその力を、自立や対話への欲求同様、けっして根こそぎにはできない人間とその社会の特質からくみ取るからである。人間は自由や真理に負けず劣らず安全や慰めを必要としている。普遍的な価値に与するよりはむしろ自分たちのグループの仲間を守る方を選ぶし、暴力の使用を伴う権力への願望は理性的な議論同様人類に特徴的なものである。そこにさらに啓蒙主義が獲得したものからの現代的な逸脱が加えられるが、それは科学主義、個人主義、急進的脱神聖化、理性喪失、一般化された相対主義等々の肩書きを持っているのである。

そうした攻撃がけっして止むことはないのではないかと案じられる。それだけに啓蒙の精神を生き生きと保つことが必要なのだ。過去の著作家たちがその到来を願った成熟した年齢は人類の運命に組み込まれているようには見受けられない。人類は真理を所有するよりは真理を求めるように定められているのだ。カントは啓蒙の時代、本当に啓蒙された時代に自分たちは住んでいるのかと尋ねられ、「否、しかしおそらくは啓蒙されつつある時代である」(1)、と答えた。そうしたあり方がわたしたち人間の天性なのではないだろうか。労苦が果てることのないことを知りつつも、わたしたちは日々この労苦をまた重ねることにしようではないか。

謝辞

ここまでの頁を書くにいたったのは、フランス国立図書館長、ジャン＝ノエル・ジャンヌネが啓蒙主義とそれがわたしたちにとってどのような意味を持つのかを主題とする展示の企画への参加をわたしに求めたためであった。当時どれほどの冒険に自分が足を踏み入れることになるのか、わたしにはまったく分からなかった。一年半後、二〇〇六年三月に、『啓蒙主義　明日への遺産』展はその扉を開いた。この間にわたしが一緒に仕事をすることになった国立図書館のすべての職員、外部の協力者たち、そして二五〇点におよぶ出展作品から、わたしはたくさんのことを学んだ。作家、学者、画家、音楽家の皆さんのおかげでわたしは啓蒙の精神をいっそう良く理解することができた。ここにすべての皆さんに対する感謝の言葉を捧げたい。

原注・訳注

第一章

(1) Turgot, *Écrits économiques*, Paris, Calmann-Lévy, 1970, p.12.

(2) Rousseau, *Discours sur l'origine et les fondements de l'inégalité parmi les hommes* (1755), dans *Œuvres complètes*, Gallimard, 1964, t. III, p. 162. 邦訳、ルソー『人間不平等起源論』、『ルソー選集』六、白水社、一九八六年、原好男訳、六〇頁。

(3) Rousseau, *ibid.*, p. 171. 邦訳、同前、七〇頁。

(4) Rousseau, *ibid.*, p. 189. 邦訳、同前、九一頁。

(5) Rousseau, *ibid.*, p. 142. 邦訳、同前、三七頁。

(6) Rousseau, *Lettre sur la vertu, l'individu et la société*, 1757, dans *Annales de la société Jean-Jacques Rousseau*, XVI, 1997, p. 325.

(7) Montesquieu, *Traité des devoirs* (1725), *Œuvres complètes*, Le Seuil, 1964, p. 182.

(8) Montesquieu, *De l'esprit des lois*, (1748), I, 1. 邦訳、モンテスキュー『法の精神』、第一篇第一章、『世界の名著三四、モンテスキュー』中央公論社、一九八〇年、井上幸治訳、三七一頁。

*1 十七世紀後半から十八世紀初頭にかけて行われた、ギリシア・ラテンの古典と近代作品のいずれが勝るかを論じた「新旧論争」を指す。多くの文人がこの論争に参加した。一見児戯に等しい論争であったが、これにより古代、そしてそれに支えられたカトリック教会の権威が崩れ去り、人類の進歩、理性の優越が宣せられ、思想史上大きな意味を残した。

＊2　中世スコラ哲学における「普遍論争」の主題を指す。「普遍論争」とはドイツ語 Universalienstreit の訳。普遍 universalia（種と類）は実在するか否かという中世スコラ哲学における論争で、普遍は〈個物に先立って〉実在するという、エリウゲナ、アンセルムスらを代表者とするプラトン主義的実念論と、普遍は〈個物の後に〉人間の作った名前にすぎぬとする、ロスケリヌスに始まる唯名論とが対立した。スコラ学全盛期のトマス・アクィナスは、普遍は神にあっては〈個物の前に〉、自然的には〈個物のうちに〉、知性の抽象によっては〈個物の後に〉あるとする穏健な実念論を提唱したが、十四世紀にオッカムによって唯名論が復活し、スコラ学退潮の機縁となった。

＊3　Friedrich II［一七一二―一七八六］　プロイセン国王（在位一七四〇―一七八六）。フリードリヒ・ヴィルヘルム一世の子。大王と呼ばれる。オーストリアのハプスブルク家に対抗してオーストリア継承戦争、シュレジエン戦争、七年戦争を戦い抜いてプロイセンの地位を確立。国内では常備軍や官僚組織を整備、農業を振興し、重商主義政策による工業の育成に努めた。またヴォルテールを招き、科学アカデミーを再興するなど文化政策にも意を用い、啓蒙専制君主の典型とされた。

＊4　Ekaterina II［一七二九―一七九六］　ロシア、ロマノフ朝の女帝（在位一七六二―一七九六）。フリードリヒ二世の仲介でロシア女性エリザヴェータの甥ピョートルと結婚。結婚生活は不幸で、まもなく寵臣と語らい即位した夫を廃し自ら帝位に就く。在位中にロシアをヨーロッパの強国の一つとし、また啓蒙専制君主として知られ、ヴォルテール、ディドロ、ダランベール、グリムらと交流した。

＊5　Joseph II［一七四一―一七九〇］　ドイツ王、神聖ローマ皇帝。母マリア・テレジアの死後オーストリア王となる。プロイセンと敵対し、ロシアの女帝エカテリーナ二世と防衛同盟を結ぶ。啓蒙専制君主の代表者で、軍と官僚を基礎に中央集権国家の建設を目的とし、経済政策では重商主義をとり商工業の振興をはかるとともに、学校や病院を整備した。

＊6　時と所とを超えて妥当するとされる人類普遍の法が存在するとする思想。実定法思想に対する。自然法思

想は古くはギリシアに始まるが、その永久不変性の根底として、古代では万物の永久不変の本質、中世では神の意志、近代では人間の理性などが考えられた。実定法が一定の条件の下でのみ相対的に妥当するのに対し、自然法は絶対的な正しさを主張する。しかし自然法は国家以前のものであり、実定法のなかに組み入れられない限り強制を伴わない。グロティウス、プーフェンドルフ、ヴォルフ、ホッブズ、ロック、ルソー、カント、フィヒテらを代表とする近代自然法思想は社会契約論に結実し、市民革命期に大きな役割を果たした。

＊7 Charles-Louis de Secondat, baron de La Brède et de Montesquieu［一六八九―一七五五］ フランスの啓蒙思想家。ボルドー高等法院副院長、アカデミー・フランセーズ会員。絶対王政末期を異邦人の口を借りて風刺した『ペルシア人の手紙』（匿名刊行、一七二一年）、法事象の一大目録にして社会改革の提言に満ちた『法の精神』（一七四八年）で著名。三権分立制の創唱者としても知られる。著作はほかに『ローマ人盛衰原因論』（一七三四年）がある。

＊8 John Milton［一六〇八―一六七四］ 英国の詩人。キリスト教的熱誠に貫かれた格調の高い詩風をもって知られる。ケンブリッジ大学卒業後も職につかず古典研究にいそしむ。初期の作品には抒情詩『快活な人』と『沈思の人』、仮面劇『コーマス』、弔詩『リシダス』などのルネサンス的な美しさを豊かにもった秀作がある。中期のミルトンはピューリタン革命に身を投じ、共和政府のラテン語秘書官として活躍しながら多くの政治的論文を書いた。力強い散文の『アレオパジティカ』がもっとも有名。一六五二年に失明。王政復古後は失意のうちに、『失楽園』、『復楽園』（一六七一年）、『闘士サムソン』（一六七一年）の三大作を口授により完成した。

＊9 Anne Robert Jacques Turgot［一七二七―一七八一］ フランスの重農主義経済学者、政治家。農業だけが生産的だとするケネーらの流れをくみながら、商工業にも利潤が生じるとし、資本制借地農業の利益を唱道した。知事、大臣として純収益への土地単一税、賦役特権の廃止などの改革を進めたが、そのため失脚した。

＊10 Voltaire［一六九四—一七七八］　フランスの作家、思想家。本名は François-Marie Arouet。パリ生まれ。若くして文筆の才をもてはやされたが、摂政オルレアン公の風刺詩を書いたため一七一七年バスティーユに投獄された。翌年出獄、悲劇『オイディプス』が初演されて成功。一七二六年ロンドンへ渡り、英国の議会政治、経験主義に影響を受け、一七二九年帰国。『シャルル十二世伝』、悲劇『ザイール』に次いで発表した『哲学書簡』（一七三四年）で再びパリ追放になり、愛人シャトレ侯爵夫人とシレーにのがれる。その後一時ベルリンのフリードリヒ二世の侍従となったが、一七五九年以後はスイス国境近くのフェルネーに住み、カラス事件では三年間の努力でカトリックの陰謀・殺人をあばいた。著作は、『ルイ十四世の世紀』（一七五一年）、『習俗論』（一七五六年）、小説『ザディーグ』（一七四九年）、『カンディード』（一七五九年）、エッセー『寛容論』、『哲学辞典』（一七六四年）のほか、約一万二千通の書簡を残した。十八世紀の代表的啓蒙思想家、百科全書派（アンシクロペディスト）の旗手の一人であった。

＊11 Jean Le Rond D'Alembert［一七一七—一七八三］　フランスの数学者、物理学者、哲学者。百科全書派の主要メンバーのひとり。早くから数学や力学に才能を発揮し、剛体運動の理論を整え「ダランベールの原理」をたてた。一方、ディドロに協力して『百科全書』の序論（一七五一年）と数学関連項目を執筆した。

＊12 Gotthold Ephraim Lessing［一七二九—一七八一］　ドイツの劇作家、啓蒙思想家。牧師の子として生まれライプチヒ大学で神学を学ぶが、俳優たちと交わり、自由な著述業に進むことを決意。劇評をはじめ種々の論文を書き、ドイツ最初の市民劇『サラ・サンプソン嬢』（一七五五年）で好評を博す。造形美術と言語芸術の差異を論じた『ラオコオン』（一七六六年）、上演作の批評を通じて演劇の本質と法則を追求した『ハンブルク演劇論』（一七六七—一七六九年）などによりドイツ国民演劇の確立を準備し、実作においても喜劇『ミンナ・フォン・バルンヘルム』、悲劇『エミーリア・ガロッティ』の傑作を書く。晩年は理性宗教の立場から正統派神学者と論争し、この中から劇詩『賢者ナータン』、論文『人類の教育』が生まれた。

＊13 Marie Jean Antoine Nicolas de Caritat, marquis de Condorcet［一七四三—一七九四］　フランス啓蒙期の思

想家、数学者。『百科全書』に寄稿し、『ヴォルテール全集』を編纂した。人間精神の進歩を信じ、フランス革命に理性支配の理想の実現を見た。革命時には親ジロンド派として活躍したが、ジャコバン派に捕らえられ、獄中で服毒自殺。著書『人間精神進歩の歴史的素描』(一七九五年)。

＊14 David Hume[一七一一—一七七六] 英国の哲学者、歴史家。スコットランドのベリクシャー生まれ。初め法律を学んだが、哲学や文学への欲求強く、一七三四—三七年フランスに渡り、『人性論』を著す。四八年『人間知性研究』を発表、五二年エジンバラ図書館の司書となり、『イギリス史』六巻(一七五四—六一年)を書く。駐仏大使館秘書官としてパリ滞在中、ルソーと交友したが、まもなく不和となる。次いで国務次官となり、晩年は故郷に隠棲した。ロックの経験論とバークリーの観念論を継承し、懐疑的経験論を主張、英国啓蒙哲学の大成者とされる。カントに与えた影響は大きく、また経済学の面では友人A・スミスにも影響を及ぼした。

＊15 Moses Menderssohn[一七二九—一七八六] ドイツのユダヤ人啓蒙思想家。レッシングの友人。ライプニッツ・ヴォルフ学派の代表者の一人。イギリス、ドイツの啓蒙思想とユダヤ思想に基づいて神の存在、霊魂不滅の論証を主要課題とし、同時に信仰の自由を擁護した。

＊16 Jean-Jacques Rousseau[一七一二—一七七八] フランスの思想家、文学者。ジュネーヴ生まれ。貧困の中で徒弟時代を過ごし、旧体制下のフランス、イタリアを放浪した。一七三一年からヴァラン夫人のサロンに出入りしたのち、一七四二年パリに出て百科全書派と交友、『百科全書』に寄稿した。一七五〇年『学問芸術論』がアカデミー懸賞論文に当選、文名を高めた。次いで『人間不平等起源論』(一七五五年)、『社会契約論』(一七六二年)などを発表し、文学的著作として『新エロイーズ』(一七六一年)、『エミール』(一七六二年)、『告白録』(一七七〇年脱稿)を執筆した。個人と集団、自然と社会、孤独と連帯など近代の矛盾に満ちた問題性を自ら生きた思想家としてなお再読に値する。

第二章

（1）Louis de Bonald, *Législation primitive*, 1829, t. I, p. 250.

（2）Montesquieu, Lettre au marquis de Stanville du 27 mai 1750, *Œuvres complètes*, t. III, Nagel, 1955.

（3）Rousseau, *Lettre à Beaumont*（1762）, *Œuvres complètes*, t. IV, 1969, p. 996. 邦訳、ルソー「ボーモンへの手紙」、『ルソー全集』第七巻、白水社、一九八六年、西川長夫訳、五二七頁。

（4）Condorcet, *Esquisse de la tableau des progrès de l'esprit humain*, Éditions Sociales, 1971. p. 255-256.

（5）Paul Leroy-Beaulieu, *De la colonisation chez les peuples modernes*, 2 vols., 1902, t. I, p. XXI.

（6）Leroy-Beaulieu, *ibid.*, p. VII.

（7）Jules Ferry, *Discours et opinions*, 7 vols. 1893-1898, t. V, p. 221.

（8）Leroy-Beaulieu, *Par l'épée et par la charrue*, PUF, 1948, p. 67.

（9）Alexis de Tocqueville, *Œuvres complètes*, t. III, vol. 1, Gallimard. 1962, p. 299.

（10）Ferry, *Discours et opinions*, *op. cit.*, p. 209.

（11）Jean-Paul II, *Mémoire et Identité*, Flammarion, 2005, p. 23.

（12）T.S. Eliot, *The Idea of Christian Society and Other Writings*, London, Faber & Faber, 1982, p. 82.

（13）Aleksandr Isaevich Solzhenitsyn, *Le Déclin du courage*, Le Seuil, 1978, p. 46.

（14）Solzhenitsyn, *ibid.*, p. 55.

（15）Jean-Paul II, *op.cit.*, p. 23.

（16）Jean-Paul II, *ibid.*, p. 65.

（17）Solzhenitsyn, *op.cit.*, p. 53-54.

（18）Jean-Paul II, *op.cit.*, p. 64.

（19）Jean-Paul II, *ibid.*, p. 163.
（20）Montesquieu, *De l'esprit des lois*, (1748), I, 1.　邦訳、モンテスキュー『法の精神』第一篇第一章、岩波文庫（上）、一九八九年、野田良之他訳、四一頁。
＊1　Louis Gabriel Ambroise, Vicomte de Bonald［一七五四―一八四〇］　フランスの政治思想家。フランス革命期にハイデルベルグに亡命（一七九一年）、同地から革命の理想を攻撃し、『文明社会における政治的宗教的権力論』を著し、神が自然法を制定し、君主がそれを執行するとともに教会が社会秩序を維持すると説いた。
＊2　Paul Leroy-Beaulieu［一八四三―一九一六］　フランスの経済学者。パリで法律を学び、英独で勉学し経済評論家として活躍。*Economiste français* 誌を創刊し、死に至るまで一回の例外を除き毎号寄稿した。コレージュ・ド・フランスの経済学教授。自由放任主義思想の代表者であったが、植民地と人口問題では国家の介入を求め、自らも本国や植民地に広大な土地を所有し、農業経営にあたった。
＊3　Jules Ferry［一八三二―一八九三］　フランスの政治家。第三共和政下で首相を二度務めた。パリで法学を修めたのち、自身も著名な弁護士となる。政治に強い関心を抱き、一八六九年共和派議員として当選、普仏戦争下に国防政府のメンバーとなる。七九年教育相を担当し、初等教育の義務性・無償性・非宗教性を定めたいわゆるジュール・フェリー法と呼ばれる一連の教育に関する法律を策定。フェリーは同時にフランスの植民地拡大をも積極的、熱狂的に支持し、八一年にはバルドー条約によりチュニジアを保護国化、マダガスカルやコンゴ、ヴェトナムにも勢力を拡大した。
＊4　Thomas-Robert Bugeaud［一七八四―一八四九］　フランスの軍人、政治家。一八〇四年入隊以来軍歴を重ね、七月王政下三四年の民衆蜂起を弾圧して「トランスノナン通りの肉屋」の異名をとり、四〇年にはアルジェリア総督に就任、四四年にはモロッコを攻めその功により公爵に任ぜられる。軍歌「大ビュゴーの軍帽」で知られる。
＊5　Alexis de Tocqueville［一八〇五―一八五九］　フランスの政治思想家、歴史家、政治家。貴族出身。自由

主義思想家として注目され、二月革命後は外相を務めたが、ルイ・ナポレオンに反対して投獄され政界から引退した。一八三一年米国に視察旅行を行い、著書『アメリカのデモクラシー』で近代デモクラシー社会を歴史的必然ととらえ、これを自由の観念との関連で考察した。ほかに中央集権制を批判した『旧制度と革命』や『回想録』で知られる。

＊6　Thomas Stearns Eliot［一八八八―一九六五］米国に生まれ英国に帰化した詩人、批評家。米、仏、英の大学で文学、哲学などを修める。処女詩集『プルーフロックその他の観察』（一九一七年）、ロマン主義を批判し、伝統の価値を見直す古典主義的立場を打ち出した評論集『聖なる森』（二〇年）のあと、二二年に長詩『荒地』を発表。のち『聖灰水曜日』（三〇年）、『四つの四重奏』（四三年）などの詩で宗教的傾向を深める一方、『寺院の殺人』（三五年）、『一族再会』（三九年）、『カクテル・パーティー』（四九年）などの詩劇も書いた。評論では『詩の効用と批評の効用』（三三年）、『異神を追いて』（三四年）、『詩論・詩人論』（五七年）などを著し、日本の批評家にも大きな影響を与えた。四八年ノーベル文学賞。

＊7　Aleksandr Isaevich Solzhenitsyn［一九一八―　］ロシア（ソ連）の作家。カフカス生まれ。ロストフ大学物理数学科卒。一九四五年砲兵大尉として従軍中、政治的告発を受け十年間の流刑生活を送る。その体験をもとに中編『イワン・デニーソヴィッチの一日』を六二年に発表し、世界的に有名になる。ついで『クレチェトフカ駅のできごと』『マトリョーナの家』『公共のためには』などを発表したが、思想的・政治的立場のために圧迫を受け、『ガン病棟』『煉獄のなかで』などはソ連で発表を許されなかった。六七年五月には検閲制度廃止を訴えた書簡を発表、六九年ソビエト連邦作家同盟から追放された。七〇年ノーベル文学賞。七四年国外追放となり、以後ソ連では完全に黙殺されたが、ペレストロイカ以後は大作『収容所群島』を含め、その作品が公刊された。九〇年にソ連市民権を回復したがその後も外国で活動し、九四年帰国した。

＊8　羅 Ioannes Paulus II、英 John Paul II（the Second）、伊 Giovanni Paolo II［一九二〇―二〇〇五］ポーランド出身のローマ教皇（在位一九七八―二〇〇五）、カトリック教会司祭。本名カロル・ヨゼフ・ヴォイテ

ィワ（Karol Józef Wojtyła）。ハドリアヌス六世（オランダ出身、在位一五二二—一五二三）以来四五五年ぶりの非イタリア人教皇にして史上最初のスラブ系教皇。同時に二十世紀中最年少で着座した教皇でもある。神秘神学と哲学の二つの博士号を持つ。世界平和と戦争反対への呼びかけと、呼びかけだけにとどまらない数々の平和行動の実践、東欧の民主化運動への精神的支援、諸宗教や文化間の対話の呼びかけとその実行、生命倫理などの分野でのキリスト教的道徳観の再提示など、宗教の枠を超えて現代世界全体に大きな影響を与えた。

第三章

（1）Rousseau, *Discours sur l'économie politique* (1756), dans *Œuvres complètes*, Gallimard, 1964, t. III, p. 248.　邦訳、ルソー『政治経済論』、『ルソー全集』第五巻、白水社、一九七九年、阪上孝訳、七一頁。

（2）Diderot, *«Éclectisme»*, dans *Œuvres complètes*, Éditions Assézat-Tourneux, t. XIV, p. 304.　邦訳、小場瀬卓三・平岡昇監修『ディドロ著作集』法政大学出版局、一九七六年、第一巻、小場瀬卓三訳、七頁。本文中に『百科全書』と同時期のある論文で」とあるのは誤り。「折衷主義」は、『百科全書』中の一項である。アセザ版では十三巻から十七巻が『百科全書（*Encyclopédie*）』中のディドロの執筆項目を収録している。十四巻一頁のタイトルは『百科事典（*Dictionnaire encyclopédique*）』となっており、そのための誤りであろうか。

（3）Kant, *Réponse à la question: qu'est-ce que les Lumières ?* (1784), dans *Œuvres philosophiques*, t. II, Gallimard, 1985, p. 209.　邦訳、カント『啓蒙とは何か』、『カント全集』第十四巻、岩波書店、二〇〇〇年、福田喜一郎訳、二五頁。

（4）Kant, *Qu'est-ce que s'orienter dans la pensée ?* (1786), *ibid.*, p. 545.　邦訳、カント『思考の方向を定めるとはどういうことか』、『カント全集』第十三巻、二〇〇二年、岩波書店、円谷裕二訳、八七頁。

（5）Diderot, «Fait», *op.cit.*, t. XV, p. 3.

（6）Condorcet, *Cinq Mémoires sur l'instruction publique*（1791）, Garnier-Flammarion, 1994, p. 257.

（7）Kant, *Critique de la raison pure*（1781）, Aubier, 1997, p.65.　邦訳、カント『純粋理性批判』岩波文庫、一九六一―六二年、篠田英雄訳、一六頁。

（8）Montesquieu, *De l'esprit des lois*,（1748）, XI, 6.　邦訳、前掲『法の精神』（上）、二九五頁。

（9）Rousseau, *Du contrat social*, . III, 1,（1761）, dans *Œuvres complètes*, Gallimard, 1964, t. III, p. 395.　邦訳、ルソー『社会契約論』第三篇第一章、前掲『ルソー全集』第五巻、作田啓一訳、一六五頁。

（10）Rousseau, *ibid.* II, 6, p. 380.　邦訳、同前、一四五頁。

（11）David Hume, *Traité de la nature humaine*（1737）, 3 vol., Flammarion, 1991-1995, II, III, 3.　邦訳、ディヴィド・ヒューム『人性論（三）第二篇　情念について』岩波文庫、一九五一年、大槻春彦訳、二〇五頁。

（12）Hume, *ibid.*　邦訳、同前、二〇六頁。

（13）Rousseau, *Rousseau juge de Jean-Jacques, Dialogues*（1772-1776）, dans *Œuvres complètes*, Gallimard, 1964, t. I, p. 813.　邦訳、ルソー『ルソー、ジャン＝ジャックを裁く』、『ルソー全集』第三巻、白水社、一九七九年、小西嘉幸訳、一六五頁。

（14）Rousseau, *Discours sur l'origine et les fondements de l'inégalité parmi les hommes*, dans *Œuvres complètes*, Gallimard, 1964, t. III, p. 189.　邦訳、前掲『ルソー選集』六、九一頁。

（15）Sade, *La Philosophie dans le boudoir*（1795）, dans *Œuvres complètes*, t. XXV, J.-J. Pauvert, 1968, p. 173.　邦訳、マルキ・ド・サド『閨房の哲学』未知谷、一九九二年、佐藤晴夫訳、一一六頁。

（16）Georges Bataille, *L'Érotisme*, Minuit, 1979, p. 187.　邦訳、ジョルジュ・バタイユ『エロティシズム』、『澁澤龍彦翻訳全集13』所収、河出書房新社、一九九七年、二〇九頁。

（17）Bataille, *ibid.*, p. 192.　邦訳、同書、二一四頁。

（18）Bataille, *ibid.*, p. 210.　邦訳、同書、二三五―二三六頁。

(19) Bataille, *ibid.*, p. 187.　邦訳、同書、二〇九頁。
(20) Bataille, *ibid.*, p. 192.　邦訳、同書、二一三頁。
(21) Bataille, *ibid.*, p. 210.　邦訳、同書、二三五―二三六頁。
(22) Condorcet, *op.cit.*, p. 85.
(23) Condorcet, *ibid.*, p. 86.
(24) Condorcet, *ibid.*, p. 93.
(25) Raymond Aron, *Mémoires*, Robert Laffont, 2004, p. 59.　邦訳、レーモン・アロン『レーモン・アロン回想録』一、みすず書房、一九九九年、三保元訳、五九―六〇頁。

＊1　Denis Diderot［一七一三―八四］　フランスの啓蒙思想家、文学者、哲学者。グランベールとともに編集責任者として『百科全書』〈一七五一―七二年〉を、いわゆる百科全書派を糾合しつつ刊行、科学的批判精神を鼓吹し、キリスト教の退廃、〈旧体制〉の悪弊を批判した。そのために官憲の弾圧を受け、投獄されたりした。『盲人書簡』の無神論、『逆説俳優』における革新的演劇論『ラモーの甥』のラディカルな社会批判、『ダランベールの夢』の壮大な自然学など、その業績は多彩かつ先駆的なものであった。晩年にはロシアのエカテリーナ二世に招かれて献策した。

＊2　Maurice Blanchot［一九〇七―二〇〇三］　フランスの作家、批評家。ストラスブール大学でレヴィナスと知り合う。初めアクション・フランセーズ系のジャーナリストとして出発。やがて処女作『謎の男トマ』（一九四一年）やカフカを思わせる『アミナダブ』（四二年）などの独特な観念小説、評論集『踏みはずし』（四三年）で注目される。第二次大戦下バタイユと親交を結ぶ。戦後は『死の宣告』、『最後の人』、『期待・忘却』など極度に観念的な作品を発表。またカフカ、マラルメをはじめ先鋭な文学を縦横に論じた『防火地帯』（四九年）、『文学空間』（五五年）、『来るべき書物』（五九年）などで、言語によって絶対的なものに迫ろうとする文学の根源を問い、現代文学批評の頂点に立った。その後『終りなき対話』、『友愛』、『彼方への

歩み』、『堕星＝災厄のエクリチュール』などを著し、文学と言語そのものを思考するその作品はフーコー、ドゥルーズ、デリダらの現代思想にも大きな影響を与えた。

＊3 Maurice Blanchot, *Lautréamont et Sade*, Minuit, 1949. 邦訳、モーリス・ブランショ『ロートレアモンとサド』国文社、一九七三年、小浜俊郎訳。トドロフは同書からの引用を以下に続くバタイユの『エロティシズム』から行っており、本書でもそれにならった。

＊4 Georges Bataille［一八九七―一九六二］ フランスの思想家、小説家。農民の子に生まれ、聖職者を志すがのち徹底した無神論に転ずる。古文書学校を卒業、終生図書館に勤務。ニーチェを耽読し、シュルレアリスムに接近しポルノグラフィー『眼球譚』（一九二八年）などを書くが、離反して二九年『ドキュマン』誌をレリスらと刊行。廃刊後、反スターリン・グループの『社会学批評』にモースの贈与論に示唆された〈消費の概念〉などを書く。三五年『反撃』誌を創刊して反ファシズム活動を展開。三六年カイヨア、クロソウスキーらと〈社会学研究会〉を結成、秘密結社〈アセファル〉と連動しつつ〈聖なるもの〉を実践的に探究。第二次大戦下に『無神学大全』（『有罪者』『内的体験』『ニーチェについて』の三部作）を執筆、ヘーゲルを代表とする西洋理性の哲学を非＝知、好運への意志、笑いといった観点から批判、またブランショと深く交友する。戦後は四六年書評誌『クリティック』を創刊、文学批評を書くほか、〈過剰な太陽エネルギーの贈与〉を消費することを重視する普遍経済学を展開した『呪われた部分』（四九年）、死とエロティシズムが生の限界体験であるとした『エロティシズム』（五七年）を著し、小説『C神父』（五〇年）、『空の青』（五七年）、絵画論、ラスコー壁画論等を書く。後の思想家にも多大な影響を与えた。

＊5 Raymond Aron［一九〇五―一九八三］ フランスの社会学者、ジャーナリスト。M・ウェーバーの社会理論、歴史理論の影響を受け、これをフランスに紹介するとともに、自身精緻な産業社会論を展開した。産業化はテクノロジー、分業システム、管理や支配に独特の様式をもたらし、その傾向は資本主義社会のみならず、ソ連社会にも認められるとし、この観点からマルクス主義、実証主義の批判を展開した。一九四七年以

来『フィガロ』紙の編集に参画、長く論説を担当した。

＊6　トドロフがここで取り上げているのは、アロンがドイツ留学中の逸話である。アロンの『回想録』によると、それはある日友人が外務次官ジョゼフ・パガノンにアロンを引き合わせた場でのことである。同席した当時の外務大臣エドワール・エリオに促され、つい「演説」をしてしまったアロンに、大臣は「ドイツと遠くに望まれる危機の兆しについてすばらしい話をされたあなたが、首相や外務大臣であれば何をしますか」と尋ねたという。『回想録』でアロンはその時の自分の答えを覚えていないと記したが、「大臣が与えた教訓は生かされ〔…〕十五年後、『コンバ』紙の社説で政府を批判したアルベール・オリヴィエに〈あなたが政府の立場だったらどうするだろう〉と私は問いかけた」（邦訳六〇頁）と続けている。アロンは一貫した右派の論客として知られるが、その論法は鋭く、トドロフの「例外的な知識人」との評価はそのことを指す。また一九六八年の「五月革命」時に「アロンとともに正しいよりも、サルトルとともに間違った方がいい」と言われた。これは「正直でありながらも、頭の良い人は左派にはなれない」とのアロンの言葉をもじったものだが、当時のフランス論壇でのアロンの位置を的確に表していると言えよう。

第四章

（1）Rousseau, *Lettre à Voltaire*, *Œuvres complètes*, Gallimard, t. IV, p. 1072. 邦訳、ルソー「ヴォルテール氏への手紙」、『ルソー全集』第五巻、白水社、一九七九年、浜名優美訳、二七頁。

（2）Beccaria, *Des Délits et des peines* (1764), Genève, Droz, 1965, p.44. 邦訳、ベッカリーア『犯罪と刑罰』岩波文庫、一九五九年、風早八十二・二葉訳。〔しかし「死刑」を論じた章には該当する文章は見あたらない〕

（3）Condorcet, *op.cit.*, p. 93.

（4）Condorcet, *ibid.*, p. 95.

（5）Condorcet, *ibid.*, p. 104-105.
（6）Condorcet, *ibid.*.
（7）Condorcet, *ibid.*.
（8）Waldemar Gurian, *Totalitarianism as Political religion*, in *Totalitarianism*, éd. Pas C. J. Friedrich, Cambridge, Harvard UP, 1953, traduit en français , *Le Totaritarisme*, Le Seuil 2001, p. 452.
（9）*Le Monde* du 10 Septembre 2002.
（10）*Ni putes ni soumises*, La découverte, 2004, p. 161.
（11）Ayaan Hirsi Ali, *Insoumise*, Robert Laffont, 2005, p. 46.
（12）Hirsi Ali, *ibid.*.
（13）Condorcet, *op.cit.*, p. 91.

＊1　言うまでもなく聖書の次の言葉に基づく。「カイザルの物はカイザルに、神の物は神に納めよ」（「マルコによる福音書」、第十二章十七節）。

＊2　Constantinus I［二七四―三三七］　ローマ皇帝（在位三〇六年―三三七年）。コンスタンティウス1世の子。ディオクレティアヌス退位後の混乱を収拾して帝国を統一した。三一三年信教自由の原則に基づき、キリスト教を公認宗教として認めたミラノ勅令を発して、自らもキリスト教徒となる。さらに三二五年アリウス派を異端と宣告し、正統信仰の中核をなす〈ニカエア信条〉を採択した最初の公会議、ニカエア公会議を招集し、教会内の紛争の調停に努め、三三〇年新都コンスタンティノープルを完成し、ビザンティン帝国の基礎を固めた。

＊3　Desiderius Erasmus［一四六九頃―一五三六］　ルネサンス人文主義の代表者。ロッテルダムに私生児として生まれ、神学校を出てパリ大学に学ぶ。欧州各地を歴訪し、T・モアらと親交を結び、バーゼルに没。古典語の研究、神学関係の古典の校訂・出版等を手がける。福音主義的ユマニストとして『痴愚神礼讃』など

によって保守的カトリック教会を攻撃しつつも、ルター派に対しても論戦を続けた。ギリシア語本文・注釈付ラテン語訳『新約聖書』や諸教父の著作を刊行し、真のキリスト教的信仰と古代の叡知による人間精神の陶冶を目指した。

＊4　Cesare Bonesana di Beccaria［一七三八―一七九四］　イタリアの刑法学者、哲学者、経済学者。とくに法学の分野では近代刑法学の始祖と称される。フランス啓蒙思想の社会契約論、とくにルソーの影響を受け、アンシャン・レジームの刑罰制度の非人道性を批判し、罪刑の均衡、罪刑の法定（罪刑法定主義）を主張。また拷問や死刑の廃止を説いた。さらにケネーの重農主義やヒュームの近代社会論を摂取して、イタリア旧体制を批判するための公共経済学を構想した。主著『犯罪と刑罰』『公共経済学原理』。

＊5　Henri-Benjamin Constant de Rebecque［一七六七―一八三〇］　フランスの作家、政治家。王政復古期に自由主義政治家として活躍。スタール夫人の愛人だったこともある。一八一六年刊行した自伝体の小説『アドルフ』は、恋愛の心理を分析してフランス心理小説の傑作といわれる。

＊6　フランス革命において、一七九三年五月三一日のサン・キュロットの反乱によるジロンド派没落から、九四年七月のテルミドール九日に至る間の、ロベスピエールに率いられた山岳派による革命的独裁政治体制をいう。公安委員会、革命裁判所等を支柱とし、反革命派を大量に処刑し、亡命貴族から財産を没収した。恐怖政治期に処刑されたり、獄死した者は四万人ともいわれる。

＊7　Eric Voegelin［一九〇一―一九八五］　ドイツ生まれの政治哲学者。ケルンに生まれ、ウィーン大学で政治学、社会学を教える。一九三三年にナチズム批判を行い、その後スイスを経て、アメリカに亡命。戦後スタンフォード大学などで研究を続けた。

＊8　Waldemar Gurian［一九〇二―一九五四］　ロシア生まれの政治学者。ユダヤ教の家庭に育ったが、カトリックに改宗。ドイツ在住中ナチズムを批判し、スイスに亡命。一九三七年にアメリカに移住し、政治理論誌 *The Review of Politics* を創刊。ソ連やナチの体制を「イデオクラシー」と規定し、こうした全体主義を「政

治宗教」と分析した。

＊9　Jacques-Bénigne Bossuet〔一六二七―一七〇四〕　フランスの聖職者。雄弁で知られ、宮廷に招かれて多くの説教や追悼演説を残した。一六七〇年王太子の師傅、八一年モーの司教となり、華麗かつ重厚な説教から「モーの鷲」と呼ばれた。八二年聖職者会議のガリカニスム宣言で重要な役割を果たし、プロテスタントやフェヌロンとの論争も名高い。主著『世界史叙説』（八一年）、『プロテスタント教会変異史』（八八年）など。

第五章

（1）David Hume, *Le Sceptique*, in *Essais moraux, politiques & littéraires*, Alives, 1999, p. 215.

（2）Condorcet, *Rapport sur l'instruction publique*, Edlig, 1989, p. 254.

（3）Condorcet, *ibid.*, p. 93-94.

（4）Condorcet, *ibid.*, p. 93-94.

（5）Condorcet, *Cinq mémoires.*, p. 85-87.

（6）Condorcet, *ibid.*, p. 261.

（7）Condorcet, *ibid.*, p. 261.

（8）Condorcet, *ibid.*, p. 88.

（9）Diderot, *Supplément au voyage de Bougainville*, dans *Œuvres philosophiques*, Garnier, 1964, p. 505.　邦訳、ディドロ『ブーガンヴィール旅行記補遺』、『ディドロ著作集』第一巻、法政大学出版局、一九七六年、佐藤文樹訳、三一五頁。

（10）Sade, *op.cit.*, p. 97.　邦訳、前掲『閨房の哲学』、六六頁。

（11）Sade, *ibid.*, p. 243.〔邦訳対応箇所不詳〕

(12) Condorcet, *Vie de Turgot* (1786), dans *Œuvres*, t. V, 1849, p. 203.

(13) Rousseau, *Émile ou l'éducation* (1762), dans *Œuvres complètes*, Gallimard, 1969, t. IV, p. 601. 邦訳、ルソー『エミール』第四編、岩波文庫（中）、一九六三年、今野一雄訳、一七三頁。

(14) Leszek Kolakowski, *Totalitarianism and the Lie*, dans *1984 Revised*, éd. Par I. Howe, N. Y., Harper & Row, 1983; traduit en français *Le Totalitarisme*, éd. Par E. Traverso, Le Seuil, 2001, p. 665.

(15) Cité Par P. Huntington, *Who are we?*, Londres, The Free Press, 2004, pp. 86-87.

*1　ここで「国民教育（éducation nationale）」、「公教育（instruction publique）」と訳した «éducation», «instruction» は今日ではほぼ同義であり、「教育」の意味では前者が使われることが多い。その訳し分けについて、阪上孝氏は『コンドルセ教育論集』（岩波文庫）の注で、ともに「教育」と訳しながら必要に応じて前者を「徳育」、後者を「知育」と訳されている。しかし、この訳語では本書の文脈上理解しにくいので、ここでは前者を「教化教育」、後者を「教養教育」と訳し分けた。

*2　Paul Henri Thiry, baron d'Holbach［一七二三―一七八九］　ドイツに生まれフランスに帰化した啓蒙期の哲学者。ディドロ、ルソーらと交わり、『百科全書』に多くを寄稿した。主著『自然の体系』（一七六〇年）は十八世紀フランス唯物論を代表する著作。ほかに『キリスト教暴露』（六七年）など多くの反宗教地下文書を刊行した。

*3　Leszek Kolakowski［一九二三―　］　ポーランド生まれの哲学者。若くして共産主義運動に加わり、一九五六年フルシチョフのスターリン批判をきっかけに誕生したゴムウカ政権下で開かれた社会主義を目指す。しかし六八年のチェコ事件後「修正主義者」としてポーランドを追放され、以後アメリカを舞台に活動。『マルクス主義の歴史』、『実証主義の哲学』など多方面の著作を著す。

*4　Paul Wolfowitz［一九四三―　］　アメリカのユダヤ系政治家。代表的なネオコンの論客であり、イラク戦争の仕掛け人の一人。

第六章

（1）Lessing, *Testament Johanis, Schriften*, 1886-1907, T. XIII, p. 15.

（2）Franklin, *Mémoires*, Hachette, 1866, p. 181.

（3）Franklin, *ibid*, p. 205.

（4）Diderot, article *« Encyclopédie »* de l'*Encyclopédie*, dans *Œuvres complètes de Diderot*, t. XIV, p. 453. 邦訳、ディドロ「百科全書」（『百科全書』項目）、『ディドロ著作集』第二巻、法政大学出版局、一九八〇年、中山毅訳、一二〇頁。

（5）Rousseau, *Julie ou la Nouvelle Héloïse*（1761）, dans *Œuvres complètes*, Gallimard, 1978, t. II, p. 503. 邦訳、ルソー『新エロイーズ』（下）、『ルソー全集』第十巻、白水社、一九八一年、松本勤訳、一七六頁。

（6）Kant, *Fondements de la métaphysiques des mœurs*（1785）, dans *Œuvres philosophiques*, t. II, p. 295. 邦訳、カント『人倫の形而上学の基礎づけ』、『カント全集』第七巻、岩波書店、二〇〇〇年、平田俊博訳、六五頁。

（7）Voltaire, *Lettres philosophiques*（1734）, Garnier-Flammarion, 1964, p. 67.［2006, p. 116］邦訳、ヴォルテール『哲学書簡』、第十信「商業について」、『世界の名著二九　ヴォルテール・ディドロ・ダランベール』中央公論社、一九七〇年、中川信訳、一〇四頁。〔ただしこの語句の主語は原文では「最良の市民」ではなく、「商人（négociant）」となっている〕

（8）Hume, *Essais*, p. 236.

（9）Rousseau, *Émile*, *op.cit.*, p. 503. 邦訳、前掲『エミール』（中）、二六頁。〔トドロフは「わたしは思わない（*Je ne crois pas*）」と書いているが、原文では「わたしは考えない（Je ne conçois pas）」となっている〕

（10）Rousseau, *ibid.*, p. 816. 邦訳、ルソー『エミール』第五編、岩波文庫（下）、一九六四年、今野一雄訳、一九六頁。

(11) Lavoisier, *Pages choisies*, Éditions sociales, 1974, p. 96.
(12) Lavoisier, *ibid.*, p. 103.
(13) Sade, *op.cit.*, p. 66. 邦訳、前掲書、四六頁。
(14) Rousseau, *Émile*, *op.cit.*, p. 817. 邦訳、前掲『エミール』(下)、一九七頁。
(15) *Lettre sur la vertu, l'individu, et la société*, p. 325.〔出典未詳〕
(16) Joshua Reynolds, *Letters de Joshua Reynolds*, 1929, p.18.
(17) Goethe, *Italienische Reise* (1787), in *Werke*, Hambourg, Chr. Wegner, 1974, t. XI, p. 386. 邦訳、ゲーテ『イタリア紀行』岩波文庫(下)、一九六〇年、相良守峯訳、五三頁。

＊1 「ローマ人への手紙」、第十三章八節。
＊2 Alexander Pope［一六八八—一七四四］ 英国の詩人。幼時の病から背骨を悪くした。古典を独学し、『批評論』(一七一一年)、『髪盗人』(一二年)で認められ、『人間論』(三三—三四年)や『道徳論』(三一—三五年)で詩壇の第一人者とされ、当時の常識を簡潔な格言的な辞句で表現した。ほかに悪口集ともいうべき風刺詩『愚人列伝』があり、『シェークスピア全集』の編集、ホメロスの翻訳もある。英文学における〈新古典主義〉を代表し、十八世紀前半は〈ポープの時代〉とも呼ばれる。
＊3 Antoine Laurent Lavoisier［一七四三—一七九四］ フランスの化学者。初め法律を、後に天文学、数学、化学、植物学などを学んだ。一七七二年硫黄およびリンの燃焼に際しその重量が増加することを確認、七七年J・プリーストリーの実験にヒントを得、この気体が酸素であることを認め、従来のフロギストン説を覆し真の燃焼理論を確立した。また水の蒸留について精密な秤量を行い、質量保存の法則を明らかにした。さらに水の組成を明らかにし、呼吸と燃焼とは同じ現象であることを実証し、有機元素分析法の基をひらき、化合物の命名法を体系化し、単体としての元素の概念を明らかにするなど近代化学の確立に大きく貢献した。フランス革命に際し、新度量衡法制定委員として新政府に参加したが、徴税請負人であった前歴を理由に投

獄、処刑された。「彼の頭を切り落とすのは一瞬だが、彼と同じ頭脳を持つ者が現れるには百年かかるだろう」と、処刑の光景を見て天文学者のジョゼフ＝ルイ・ラグランジュは嘆いたとされる。現在ではパリの市役所にラヴォアジエの功績をたたえ、像が飾られている。

＊4　Joshua Reynolds［一七二三―一七九二］　英国の画家。デボンシャーのプリンプトン生まれ。一七六八年新設のロイヤル・アカデミーの初代会長、ジョージ三世の宮廷画家などを務め、十八世紀後半の英国美術界で指導的地位を占めた。歴史画と肖像画を得意とし、ファン・ダイク風の優美な様式に、レンブラント的な明暗法を加味した肖像画様式を樹立。約二千点の肖像画を残した。

＊5　Jean Antoine Watteau［一六四八―一七二一］　フランス・ロココの代表的画家。ヴァランシエンヌに生まれ、十八歳のころパリに出、一時ロンドンに渡ったほかはおもにパリで制作。当時流行のイタリア喜劇や宮廷生活、兵士の生活などを柔らかい色調ではなやかに描き多大な影響を与えた。代表作に《シテール島の巡礼》、《ピエロ（ジル）》、《ジェルサンの看板》、《イタリア喜劇の役者たち》などがある。

＊6　Jean-Baptiste Siméon Chardin［一六九九―一七七九］　フランスの画家。パリ生まれ。十八世紀フランス絵画の主流であった宮廷的なロココ絵画とは対照的に、台所の什器類を主題とする静物画や庶民の日常生活をテーマとする作品を多く残した。柔らかく暖かい光の効果と繊細で調和のとれた色調、明快な構図による作品にはほのぼのとした情感がある。代表作に《銅の給水器》、《トランプの城》、《食前の祈り》などがある。

＊7　Thomas Gainsborough［一七二七―一七八八］　イギリスの肖像画家、風景画家。ロンドンに出て、主としてファン・ダイク、ヴァトーの作品の影響を受け、次第に独自の画風を確立した、肖像画に優れ、イギリス絵画の伝統を築いた。代表作に《シドン夫人》、《ロビンソン夫人》、《青衣の少年》、《赤衣の少年》がある。

＊8　Jean Honoré Fragonard［一七三二―一八〇六］　フランス・ロココの代表的画家の一人。グラス生まれ。ブーシェ、シャルダンの弟子。ローマ賞を受けて一七五六年イタリアに留学し、ティエポロに影響された。恋愛の情景を享楽的・官能的に描いた風俗画のほか、風景画、人物画、宗教画なども残し、油絵のほかグア

ッシュやパステル、エッチングなども制作した。代表作に《ぶらんこ》、連作《愛のなりゆき》、《サン・クルーの祭り》などがある。

第七章

（1）Rousseau, *Discours sur l'origine et les fondements de l'inégalité parmi les hommes*, *op.cit.*, p. 194.　邦訳、前掲『人間不平等起源論』、九六頁。

（2）Rousseau, *Du contrat social*, *op.cit.*, II, 4, p. 374.　邦訳、前掲『社会契約論』、一三九頁。

（3）Montesquieu, *De l'esprit des lois*, XV, 2.　邦訳、前掲『法の精神』第十五篇第二章、四七二頁。

（4）Rousseau, *Du contrat social*, *op.cit.*, I, 4, p. 395.　邦訳、前掲『社会契約論』第一篇第四章、一一九頁。

（5）Condorcet, *Réflexions sur l'esclavage des Nègres* (1781), *Œuvres*, t. VII, 1847, p.69.

（6）Montesquieu, *Pensées*, 10, *Œuvres complètes*, p. 855.

（7）Diderot, *Correspondance*, Minuit, t. VIII, 1962, p. 16.

（8）Voltaire, *L'A.B.C.* (1768), *Dialigues et anecdotes philosophiques*, Garnier, 1939, IV, p. 280.

（9）Rousseau, *Émile op.cit.*, p. 547.　邦訳、前掲『エミール』（中）、九三頁。

（10）Christian Wolf, *Principes du droit de la nature et des gens* (1750), Caen, Bibliothèque de philosophie politique et juridique, 1988, §8.

（11）Beccaria, *op. cit.*, p. 46.　邦訳、前掲書、八八頁。

（12）Beccaria, *ibid.*, p. 46.　邦訳、同前、九八頁。

（13）Beccaria, *ibid.*, p. 52.　邦訳、同前。

（14）Beccaria, *ibid.*, p. 30.　邦訳、同前、七一頁。

（15）Germaine Tillion, *Les Ennemis complémentaires*, Tirésias, 2005, p. 286.
（16）Beccaria, *op, cit.*, p. 55.〔『犯罪と刑罰』の邦訳には該当する文言は見られない〕
（17）P. Bayle, *De la tolérance. Commentaire philosophique sur ces paroles de Jésus-Christ «Contrains-les d'entrer»*. Presses Pocket, 1992. 邦訳、ピエール・ベール、『《強いて入らしめよ》というイエス・キリストの言葉に関する哲学的注解』、一六八六―八七年、『寛容論集』〈『ピエール・ベール著作集』第二巻〉、法政大学出版局、一九七九年、野沢協訳、一一二―一一三頁。

＊1　Daniel Defoe［一六六〇―一七三一］　英国の小説家。各種の職業を試みた後、風刺詩や政治パンフレットなどを書き、定期刊行物『レビュー』（一七〇四―一三年）を主宰。一九年に小説『ロビンソン・クルーソー』が成功し、続いて『シングルトン船長』（二〇年）、『モル・フランダーズ』（二二年）などを発表し、イギリス小説の勃興の先駆となる。

＊2　Claude Adrien Helvétius［一七五一―一七七一］　フランスの哲学者。急進的な感覚論的唯物論を唱える。人間精神のすべての活動を身体的感覚に基づかせるとともに、富の公平な配分を主張し封建的な圧政を排する政治思想を唱えた。『精神論』（一七五八年）、『人間論』（七二年）が主著。

＊3　Olympe de Gouges 本名 Marie Gouze［一七四八―一七九三］　フランスの女性解放運動の先駆者。若くしてパリに出て多くの文学作品を書いたが、一七八八年からは政治的テキストを書く。代表作『女性と女性市民の権利の宣言』（九一年）では女性がその権利を十全なものとして手に入れるまでは革命は成就されないと説いた。

＊4　Christian Wolf［一六七九―一七五四］　ドイツの哲学者。イエナ、ライプチヒの大学で哲学、数学を修め、ライプニッツと交わりその推薦でハレ大学教授となる。従来の慣行を破りドイツ語で著作、講義した。ドイツ語の哲学用語を確立し、哲学を神学から独立させ、のちのドイツ哲学の発展に大いに寄与した。

＊5　Germaine Tillion［一九〇七―　］　フランスの民族学者。第二次世界大戦前からアルジェリアで民族学の

研究を行い、アルジェリア戦争時には拷問を告発する書簡の署名者の一人として名を連ね、その闘いは今日まで継続され、二〇〇〇年には当時のシラク大統領あてに同様の書簡を送っている。

*6 Jean Améry［一九一二—一九七八］ 本名 Hans Maier。ウィーン生まれ。一九三八年にベルギーに移住しレジスタンスに参加。四三年にゲシュタポに囚われ拷問を受け、ユダヤ人としてアウシュヴィッツに送られる。戦後解放されブリュッセルに戻り、その体験を*Par delà le crime et le châtiment*（邦訳『罪と罰の彼岸』法政大学出版局）に綴った。

*7 Pierre Bayle［一六四七—一七〇六］ 南仏の寒村カルラで新教の牧師の子として生まれ、青年時代にカトリックに改宗したが、程なく新教に復帰、ジュネーヴに逃れて、そこの大学で学んだ。一六七五年、セダンの新教大学の哲学の教授となり、同大学の強制閉鎖後オランダへ亡命、ロッテルダムの市立大学の教授となったが、同信徒からも迫害されて解職、そのまま異郷で客死した。

ベールは、フランス十七世紀末の凄惨な新教徒迫害時代の権力と反権力の二重の圧迫下で、あらゆるドグマティズムへの先鋭な批判の刃を磨きあげ、理性と信仰の相克を徹底的に生き抜いた思想家といえる。また同時に歴史批判の開拓者として独断と偏見の集積のなかで事実の価値を教え、宗教的寛容の旗手としては、「思想の自由」の歴史上に重要な足跡を残した。フォイエルバッハは、彼を「あらゆる反ドグマティズムの論争家たちの弁証法的な〈ゲリラの首領〉」と評している。主な著作に、迷信の打破とともに道徳と宗教の分離をはかった『彗星雑考』（一六八二年）、新教徒迫害に抗議して信教の自由を主張した『〈強いて入らしめよ〉というイエス・キリストの言葉に関する哲学的注解』（八六—八七年）、全欧的な名声を博した雑誌『文芸共和国便り』（八四—八七年）などがあるが、とりわけ『歴史批評辞典』（九六年）は驚くべき博識と強烈な批判精神の綜合で、啓蒙思想の形成に多大な刺激を与えた。

第八章

（1）*Cf. Lumières! Un héritage pour demain*, Bibliothèque natinale de France, 2006.

（2）Rousseau, *Considérations sur le gouvernement de Pologne*, dans *Œuvres complètes*, Gallimard, 1964, t. III, p. 960.　邦訳、ルソー『ポーランド統治論』、『ルソー全集』第五巻、白水社、一九七九年、永見文雄訳、三六九頁。

（3）Prince de Ligne, *Lettres écrites de Russie*, 1782, p. 68.

（4）Voltaire, *Lettres philosophiques*, *op.cit.*, p. 145. [2006, p. 215]　邦訳、前掲『哲学書簡』、第十信「商業について」、一九七頁。

（5）Hume, *Essais*, p. 166-167.

（6）Voltaire, *op. cit.*, p. 47. [2006, p. 100]　邦訳、前掲書、第六信「長老派教徒について」、八〇頁。

（7）Montesquieu, *Lettres persanes*, (1721), *Œuvres complètes*, Le Seuil, lettre 85.　邦訳、モンテスキュー『ペルシア人の手紙』、八五の手紙、前掲『世界の名著三四、モンテスキュー』、井上幸治訳、一六八頁。

（8）Hume, *Essais* [*De la naissance et du progrès des arts et des sciences*], p. 164-167.

（9）Hume, *ibid*.

（10）Hume, *ibid*.

（11）Hume, *ibid*.

（12）Hume, *ibid*.

（13）Hume, *ibid*.

（14）Hume, *ibid*.

（15）Rousseau, *Du contrat social*, *op.cit.*, p. 369.　邦訳、前掲『社会契約論』第二篇第二章、一三二頁。

（16）Rousseau, *ibid.*, p. 372.　邦訳、同前、一三五頁。

（17） Leibniz, *La Monadologie* (1714), Gallimard, 1995, §57. 邦訳、ライプニッツ『モナドロジー』、§五七、『世界の名著二五　スピノザ・ライプニッツ』中央公論社、一九六九年、清水富雄・竹田篤司訳、四五一頁。〔ライプニッツはこの後、「同様に単一な実態の無限の数を考えると、同じ数だけのあい異なった宇宙が存在していることになる。しかしそれはただひとつしかない宇宙を、各モナドのそれぞれの視点から眺めた際、そこに生ずるさまざまな眺望に他ならない」と続けている（邦訳、一三五―一三六頁）〕

（18） Diderot, « Droit naturel », dans *Œuvres complètes*, Éditions Assézat-Tourneux, t. XIV, p. 300.〔当該箇所は「一般意志は、各個人にあって情念を沈黙させて人が同類に求めうることについて考える純粋な悟性の働きである」となっている〕

（19） Kant, *Critique de la faculté de juger* (1755), dans *Œuvres philosophiques*, t. II, Gallimard, 1985, p.1073. 邦訳、カント『判断力批判』、『カント全集』第八巻、岩波書店、一九九九年、牧野英二訳、一八〇―一八一頁。〔ただし邦訳と仏訳とでは文意がまったく異なっており、ここでは仏訳に従って訳出した〕

＊1　Al-Razi〔八六五―九二五〕　本名アブー・バクル・ムハンマド・イブン・ザカリア・アル・ラジ、ラーゼスとも呼ばれた。テヘランの近くのライの町生まれのペルシャ人医学者、化学者。アッバース朝のバクダッドでことに小児科で活躍し、麻疹と天然痘を区別した。

＊2　Asoka　インド、マウリヤ朝第三代の王（在位、前二六八頃―前二三二頃）。漢字では阿育。インドの南端を除いて、集権的統一国家を建設した。仏教のダルマ（法）に基づく統治を理想とし、その詔勅を各地の磨崖や石柱に刻んだ（アショーカ王石柱）。第三回の仏典結集を行い、仏教の保護と伝道に努めた。このときスリランカに仏教が伝わったといわれる。慈善・社会事業を盛んにし、その政治思想は後世に大きな影響を与えた。

＊3　Ahamad Baba〔一五五六―一六二七〕　十六世紀、北西アフリカでのイスラム文化の中心となったマリ帝国のイスラム学者、政治家。多くの著作を残し、首都トンブクトゥ最大の学者と評された。

＊4　James Boswell［一七四〇―一七九五］　英国の伝記作者。スコットランド出身の弁護士。大陸に遊び、ヴォルテール、ルソーなどと交流する。伝記文学の傑作といわれる『サミュエル・ジョンソン伝』（一七九一年）を書き、「ボズウェル」は忠実で崇拝的な伝記作者の代名詞とされた。

＊5　Prince de Ligne, Charles Joseph von［一七三五―一八一四］　オーストリアの軍人。ブリュッセルに生まれ、オーストリアの軍務につき、七年戦争に参加して功を立てた。外交使節としてペテルブルグに赴き、女帝エカテリーナ二世の寵を得た。プロイセンのフリードリヒ大王、ヴォルテール、ルソー、ゲーテらと文通した。

＊6　Joseph Priestley［一七三三―一八〇四］　英国の新教牧師、化学者。神学校で学び牧師となったが、次第に化学実験に興味をもつようになり、酸素をはじめ、アンモニア、塩化水素、酸化窒素、亜硫酸ガスなどを発見した。彼自身はフロギストン説を信じていたが、この酸素の発見がラヴォアジエの燃焼理論確立の契機となった。また、生物の呼吸に空気の必要なことを説き、植物が同化作用により酸素を放出することを観察。フランス革命を支持したため暴徒に襲われ、一七九四年聖職を断念して渡米。哲学上唯物論者であったが、牧師として霊魂不滅を信じていた。

＊7　Antoine-François Prévost［一六九七―一七六三］　フランスの作家。通称アベ・プレヴォー。修道院と俗世を往復し、ヨーロッパ各地を放浪、あるいは亡命するなど情熱的な生涯を送る。自伝的小説『一貴族の回想と冒険』八巻（一七二八―三一年）の最終巻に含まれる『マノン・レスコー』で有名。

＊8　Henry St. John Bolingbroke［一六七八―一七五一］　イギリスの文筆家、政治家。トーリー党に属し陸相、国務相として活躍し、子爵に任じられる。一七三五年に政界を引退し度々渡仏、ヴォルテールらと交友を結ぶ。

＊9　Laurence Sterne［一七一三―一七六八］　英国の小説家。ケンブリッジ大学を卒業し、ヨークシャーで聖職につく。一七六〇年に『トリストラム・シャンディ』の第一、二巻を発表して好評を博し、ロンドンに出て恋愛に明け暮れながら六七年までに第九巻を書くが未完のまま病死。この小説は奔放な諧謔と言語的実験

に富み、筋書よりも心の動きを重視してジョイスの先駆といわれる。旅行記『センチメンタル・ジャーニー』（六八年）がある。

＊10 Johann Joachim Winckelmann［一七一七―一七六八］　近代考古学・美術史学の創始者。ドイツ北部のシュテンダール出身。一七五五年『ギリシア美術模倣論』を著して古典主義思想を主張。さらに六四年に主著『古代美術史』を公にして、文献に拘束されず作品に即して様式史的に解明した美術史をまとめあげ、古代美術研究、考古学研究に不滅の功績を残した。古代ギリシア美術の本質を〈高貴な単純さと静謐な偉大さ〉と規定し、十八世紀後半以降の新古典主義に精神的基盤を与えた。トリエステで強盗（一説に男性の愛人）により殺害されるまで、主としてローマに定住。

＊11 Pierre Louis Moreau de Maupertuis［一六九八―一七五九］　フランスの数学者、天文学者。初め軍人。ニュートン理論を熱烈に支持。一七三六年から三七年にかけて地球楕円体の正しい形を決めるための測量隊の長としてラップランドに行き、地球が南北に扁平なことを立証。四四年力学の「最小作用の原理」を発表。四六年フリードリヒ二世の招きでベルリンに赴きその科学アカデミーの会長となる。

＊12 Julien Offroy de La Mettrie［一七〇九―一七五一］　フランスの哲学者、医師。啓蒙期の代表的唯物論者。デカルトの動物機械説を人間にも適用した主著『人間機械論』（一七四八年）で知られる。

エピローグ

（1）Kant, *Réponse à la question: qu'est-ce que les Lumières ?*, *op.cit.*, p.215.　邦訳、前掲『啓蒙とは何か』、三一頁。

［附］啓蒙の精神

（二〇〇六年三月、フランス国立図書館で開催された「啓蒙主義　明日への遺産」展パンフレット〔*Lumières ! Un héritage pour demain*, sous la direction de Yann Fauchois, Thierry Grillet et Tzvetan Todorov, Paris, 2006, Bibliothèque nationale de France〕による）

啓蒙主義は過去に属する。なぜなら啓蒙の世紀がかつて存在したからである。しかし啓蒙主義は「過ぎ去ろう」とはしない。人はたえず啓蒙主義を思い起こしては、場合に応じてまた訴える著者の気質に応じて、植民地主義、ジェノサイド、エゴイズムの支配などをかつての、あるいは現下の禍《わざわい》の源として告発し、また現在そして未来のわたしたちの欠陥との闘いに救援に来るよう要請するのである。その際、人は「啓蒙の光を再びともし」、あるいはさらにまだ啓蒙主義を知らない国や文化にまでその光を及ぼそうとするだろう。わたしたちの展示会は啓蒙主義がわたしたちの間に現に存在していること、この事実の確認から生まれた。展示会は自らの責任としてその事実を再確認し、そうした仮説としての時代の合致について問いかけるものである。展示会の対象は、それ自体においてまたそのあらゆる多様性において考察されるような「啓蒙の世紀」ではなく、この二十一世紀初めのわたしたちの目に映った「啓蒙の精神」である。わたしたちはしたがってさまざまな遺産のなかから一つの選択を余儀なくされた。だがこの遺産によって、わたしたちはそこから受け継いだものを守ることができ、また同時にその限界をも推しはかるよう仕向けられもするのである。

今日わたしたちが住んでいる世界の一部では、一つの問いかけが執拗にくり返されている。わたしたちが暮らしているヨーロッパのアイデンティティとは何か、税関の門が下ろされた場所で定められる恣意的な商業的空間としかこのヨーロッパのアイデンティティは対応していないのか、それともヨーロッパのアイデンティティはそれ以上に人間や社会についての考え方をはらんでいるのか、世界を前にしてヨーロッパのアイデンティティは何を主張しようとするのか、といった問いかけである。ところで一つの強力な関係がヨーロッパを啓蒙主義に結びつけている。この大陸をはるか彼方から観察し、文明史へのヨーロッパの主要な貢献とは何であったかを問い返すならば、一番容易に心に思い浮かぶ答えはまさしく、啓蒙主義なのである。啓蒙主義はヨーロッパのもっともすばらしい創造であり、啓蒙主義は、一つであると同時に複数でもあるヨーロッパという空間の存在なしには日の目を見ることはなかったであろう。ところが、逆もまた真なりである。ヨーロッパを生み出したものがまさに啓蒙主義なのである。それ以前にはこの大陸がアイデンティティを欠いていたからというのではなく、アイデンティティは以前にはローマ帝国のそれ、キリスト教のそれというように統一の形式に従って考えられていたからである。啓蒙主義のヨーロッパの新しさ、したがってまたそのアクチュアリティは、この時代になってヨーロッパを構成する部分の違いが認められ、価値あるものとされるようになったという事実に存するのである。

時代の啓蒙された精神は自分たちが存在していること自体から利益を得ることができる。近いがまた同時に別物でもあるヨーロッパの他国への旅行や滞在が精神にとってのこの上ない学校であることを彼らは知っていた。比較対照することによって、彼らは自分たちの持って生まれた限界を超えた。外部からの、そして利害を伴わない視点が、習慣や事情によって簡単に分別を失ってしまう同国人の判断よりも明晰な判断をもたらしてくれることを彼らは分かっていた。さらにまた彼らが理解していたのは、自国で軽蔑され、さらには迫害されたとしても、近隣諸国では当然の感謝を受けられるということであった。そうした人々は、自分たちの国が痛ましい損失を加えられながらたえず互いに戦争をしていることを知らなかったわけではない。しかし、争いや違いを越えて、これらの国々が同一の精神を分け持っていることを、彼らは知っていた。ヒュームは、ヨーロッパは大陸のうちでももっとも細分化されていると言ったものだ。まさにこの点にヨーロッパの新たな統一が存し、そしてそのために啓蒙主義を生み出すことができたのである。したがって、啓蒙主義なしにはヨーロッパはないが、またヨーロッパなしには啓蒙主義はない、と誇張することなしに言うことができる。〔展示場の〕スペースの問題からイギリス、フランス、ドイツ、イタリアという四つの中心的な伝統だけにとどまらざるをえないのだが、こうした事実はわたしたちの展示会を際立たせる点である。そうした同一の精神をこの範囲を越えてイベリア半島からスカンジナビア、ポーランド、ハンガリー、ロシアまで広げることも可能だったのである。

それにしてもこの啓蒙の精神とは、正確にはどの点に存するのであろうか。答えは簡単ではない。それには二つの理由がある。第一に、啓蒙主義とはそれなりの結論へとたどり着き、議論を要約し、綜合した一つの時代であって、根本的な革新の時代ではないという点である。啓蒙主義の主要な思想は、その起源を十八世紀に見いだすことはできない。そこに認められるのは、古典古代〔ギリシア・ローマ時代〕に由来するのでなければ、中世やルネサンス、さらに古典期〔十七世紀〕の痕跡である。啓蒙主義は、過去に相争っていた諸見解を吸収し、それらを互いに結びつける。それだからこそ、歴史家たちが往々にして注意を促してきたことでもあるのだが、啓蒙主義についてのある種の既成観念を一掃する必要があるのだ。啓蒙主義は合理主義的であるとともに経験論的であり、ロックと同じくらいデカルトの後継者でもあった。啓蒙主義は古典派の人々も近代派の人々も、普遍論者たちも唯名論者たちも受け入れ、歴史的なものと永遠なもの、微細なものと抽象的なもの、自然なものと人工的なもの、自由なものと平等なものの虜になった。素材は古いものだったが、その結びつけ方が新しかったのだ。ただそれらが互いに組み合わされたばかりではなく、これが肝心なのだが、まさしく啓蒙主義の時代にそうした諸観念が書物を飛び出して現実世界に受け入れられるようになったのである。

ここで啓蒙主義の定義を求めようとする際の第二の障害は、啓蒙思想がきわめて多くの個人によって担われているという事実に存する。互いに一致点を感じ取るどころか、彼らはそれぞれの国内におけるのと同様、国と国とのあいだでの激しい議論に絶え間なく巻き込まれていった。この時代以降に経過した時の流れのおかげで、なるほどわたしたちには選択の余地があるのだが、しかしそれもただある程度までであるにすぎない。いにしえの不一致は、今日でもなお対立している思想上のさまざまな流派を生み出すことになった。啓蒙主義とは、コンセンサスであるよりもむしろ論争の時代であった。おそるべき多様性と、そしてそれゆえの、――とは言ってもこれもまた異論の余地のないことなのだが――啓蒙主義のプロジェクトと呼びうるものが存在することを、わたしたちはさほどの困難もなしに認めることができるのである。

啓蒙の精神の基礎には、自立性という理念、わたしたちの行為が有する人間固有の目的という理念、そして普遍性の理念という三つの思想が見いだされる。だとしたら、そこからどのようなことを理解しなければならないのだろうか。

啓蒙思想を形作る第一の特色は、外的な権威からあなたがたに科せられたものを踏みしだいて、人が自ら選択し、自ら決定する物事に特権を付与することにある。このような選択にはしたがって、一面では批判的な、他面では建設的な二つの面が含まれる。つまり、外部から人間に科せられたあらゆる後見から逃れなければならず、それとともに人間が望んだ法、規範、規則により人間自身が導かれねばならないのである。解放と自立が同一の過程の等しく不可分な二つの段階なのである。そこに足を踏み入れるためには、人は検討し、問いを立て、批判し、疑いを発する完全な自由を備えていなければならない。つまり、もはやいかなるドグマもいかなる制度も聖なるものとは見なされないのだ。こうした選択から導き出される間接的ではあるが決定的な結論は、あらゆる権威の特質に関わる限定であり、要するにそうした権威は人間と同等なものであるということ、つまりそうしたものは自然なものであって、超自然なものであってはならないということである。まさしくこの意味において啓蒙主義は脱魔術化した世界を生み出すのであって、この世界ではそこかしこで同一の物理法則に従い、またとりわけ人間社会では同一の行動メカニズムが示されるのである。

啓蒙主義以前にそのもとで人間が暮らしてきた後見は、最初は宗教的な本性のものであり、それゆえこの後見の起源は現在の社会に先立つ（その意味では「他律的なもの」と言える）とともに、超自然的なものでもあった。自らに固有の運命を人間が手に入れられることを目指して、もっとも多くの批判が向けられたのが、宗教に対してである。とはいえ、その批判は的が絞られていた。拒絶されたのは、その正統性がたんに伝統に従って神々や祖先に帰されたものだけに由来するような掟に、社会や個人がひれ伏すことであった。人々の生活に方向性を与えるのはもはや過去の権威ではなく、将来へのプロジェクトであった。その一方で、宗教的経験そのものあるいは超越性の観念、また個々の宗教がもたらす道徳上の教義については何も言われてはいない。つまり、批判は社会の構造に関わるものであって、信仰の内容に関わりはしなかったのである。宗教は国家の枠外に出ることになるが、それだからといって宗教は個人から離れはしない。啓蒙主義の主流は無神論ではなく、自然宗教、理神論、あるいはその多くの亜流の何がしかを標榜しようとしたのである。啓蒙期の人々が没頭しようとした世界中のさまざま信仰の観察や描写は宗教を拒むことを目的としたのではなく、寛容の態度、良心の自由の擁護へと導くことを目的としていたのである。

古いくびきを投げ捨てたことによって、新しい法と規範を人間は純粋に人間的な手段によって決定することになる。そこにはもはや魔術にも啓示にも占めるべき場所はない。天の高みから降り注ぐ一筋の光明の確かさに取って代わって、人から人へと広がっていく幾多の知識の光がやってくることになるのである。勝ち取った最初の自立性は、知識の自立性であった。この自立性が出発点とする原理によれば、それ自体がどれほど確かで威厳に満ちたものであるとしても、いかなる権威も批判を免れるものではない。知識には理性と経験という二つの源しか持たない。そして二つはともども誰もが接近することができるものである。理性は、人間の行為の動因としてではなく、知識の道具として価値あるものとなることができ、また理性は信仰には対立したとしても情念とは対立しない。逆にそのことによって、情念はよそからやってくる強制から解放されることになる。

知識の解放は科学の開花に向けた王道を開く。だから誰もができれば哲学者ではなく、科学者である人物の後見のもとに身を置きたいと望んだ。次の世紀にダーウィンが演じたのと同じような役割を、啓蒙の世紀にとってニュートンが演ずる。物理学は目を見張るような進歩をとげ、化学、生物学、さらには社会学や心理学までもがそれに続いた。こうした新しい思想を推し進める者たちは、できれば知識の光を万人にもたらしたいと望んだ。というのも、それが万人の幸福に寄与するものであることを彼らは確信していたからである。知識は解放者である。したがって彼らは、学校から始まって科学アカデミーに至るありとあらゆる形態の教育、また専門的な出版物という手段や、多くの読者に訴えかける百科事典という手段によって、知識の普及を促したのであった。

自立性の原理は、個人の生活も社会生活も激変させた。各人に自らの宗教の選択を委ねる、良心の自由を求める闘いは新しいものではなかったが、この闘いは絶えずやり直されなければならなかった。そしてこの闘いはさらに、見解、表現、出版の自由の要求へと押し広げられる。人間が法の根拠であると承認することは、同時に人間を現にある者としてそのまま受け容れることであり、かくあらねばならない者として受け容れることではない。とはいえ、人間は身体と精神、情念と理性、感性と瞑想からなっている。自分がしなければならないこと——限りなく多様であったとしても——ではなく、自分自身に関心を持つことを受け入れさえすれば、国から国へと、または同じように人から人へと移っていけば、それは確かめられることでもある。そのことが、すべての難解な文学以上に、一方における小説、他方における自叙伝といった、個人をその関心の中心に置こうとする新しいジャンルが主張しようとしたことであった。人間の行為に関わる永遠の法や、各人の行いの模範的な性格が啓示されることなどもはや望まれず、固有の状況に置かれた男たちや女たちを示そうとするのが、このジャンルであった。そのことはまた、神話や宗教といった大仰な主題を取りあげることから、誰にでも共通する仕事やもっとも日常的な動作のなかでとらえられた、ごく普通の人間のありようを示すことに関心を移した、絵画が主張しようとしたことでもあった。

個人の自立は、その生活の枠組みの自立へ、さらに個人の作り出す作品の自立へと押し広げられる。それには、幾何学的な要請や実用的な求めにはさらされることのない、森や急流、林のなかの日だまりや丘陵からなる、自然界の発見が伴うことになった。それと並行して、この自立は芸術家たちとその仕事に新しい地位を与えることになる。画家、音楽家、俳優、著作家はもはやただの道化や飾りものではなく、尊敬に値する活動の模範的な化身となる。つまり、創造的な芸術家は自らの作品を自分自身で決定し、それを純粋に人間的な享受に当てる。こんな具合に二つの面が強調されることは、同時に感覚的世界に新たな尊厳が与えられることを示すことでもあった。

自立性の要請は、さらにより深いところで政治社会をも変えることになる。この要請は、世俗的なものと宗教的なものの分離へと展開され、それをなし遂げた。啓蒙の世紀にあって、人々は最初の行動形態に訴えた。情け深い君主たちになんとかその成果を伝えて、君主たちがその政治を多少なりとも修正できるようにしたのである。ベルリンのフリードリヒ二世、サンクト・ペテルブルグのエカテリーナ二世、ウィーンのヨーゼフ二世に人々が期待したことが、まさにそれであった。君主制の枠内では理性を奨励しはするものの、人民の服従を保持した、この啓蒙専制君主制を超えて、自立性の要請は二つの原理へとたどり着く。その第一は、主権原理である。すでに古くからあるこの原理は、ここでは新たな内容を受け取ることになる。それは、あらゆる権力の源は人民に存するのであって、一般意志に勝るものは何も存在しないというものである。第二の原理は、正当であろうと不当であろうと、それが個人に固有なものである限りは、あらゆる国家権力に対抗することになる、個人の自由という原理である。この自由を確保するために、政治の多元性と相異なる権力間の均衡に注意が払われた。いずれにしても、神学的なものと政治的なものの分離がなし遂げられた。そして政治はこれ以降、その固有の基準に従って組織されることになるのである。

社会のあらゆる分野が世俗的になる傾向にあった。依然として信者にとどまっていた諸個人までもがそうであった。こうしたプログラムは政治権力にのみ関わるのではなく、その関わりはさらに司法にまで及んだ。社会がこうむる損害となる違法行為が唯一処罰されるべきものとなり、伝統の目を通して見れば道徳上の過失とされる原罪とは区別されねばならないとされた。さらにはまた学校は、聖職者の権力から取り上げられるよう定められ、その結果啓蒙主義の普及のための場所となり、万人に開かれしたがって無償となり、そして同時に誰にとっても義務となった。それに加えて定期刊行物、これが公共的な論争の場となった。また経済、この分野は恣意的な強制から解放されなければならず、そして財産の自由な流通を可能とするものとなり、過去を背負った特権や身分制度にわずらわされるのではなく、労働の価値と個人の努力に基づくべきものとされた。このような変化の全体にもっともふさわしい場所は、大都市であった。都市でなら個人の自由の活用の場が与えられるし、同時にそうした諸個人には、互いに出会い議論をする機会が与えられるようになる。

個人の意志は、共同体の意志ともども古い後見から解放される。ということは、そうした意志が現在では完全に自由だということなのだろうか。自由にはもはや何の制約もないのだろうか。答えは否である。啓蒙の精神は自立性の要請だけに還元されるのではなく、むしろその要請にふさわしいさまざまな調整手段をもたらす。その第一は、自由になった人間の活動の目的に関わるものである。今度は、この目的は地上へと降り立つのである。つまり、もはや神を目指すのではなく、人間を目指すことになる。その意味では、啓蒙思想は一個のヒューマニズム、あるいはそう言ってよければ、人間中心主義である。神学者たちが求めていたように、たえず神への愛のために被造物への愛を犠牲にできるように備えておく必要はもうない。自分以外の人間存在を愛することで満足することができるのである。あの世での暮らしがどのようなものであるにせよ、人間は自分がこの世の存在であることに意味を与えねばならないのだ。幸福の探求が救済の探求に取って代わる。国家自身も神の意志に仕えることなどには取り合わず、市民たちの満足を目標として立てることになる。その一方で、市民の方も自分の意志に依存する領域においては、幸福にどれほどあこがれたとしても、他人からとがめ立てされるエゴイズムを体する者とは見なされなくなる。市民が各々の私生活を大切にし、感情と快楽とが濃密なものになることを求め、また情愛と友愛を育むことが当然なこととされる。

共同体および個人の自由な振る舞いにもたらされる第二の制約は、あらゆる人間がその本性自体からして他に譲ることのできない諸権利を持っていることを肯定する点にある。啓蒙主義はこの点では十六世紀と十七世紀に定式化された自然法思想の遺産を取り込んだ。自分たちの社会という枠組みのなかで市民が享受する諸権利とともに、市民はそれ以外の権利をも保持する。この権利は地球のすべての住人に共通であり、したがって万人に共通なものである。この権利は文字として記録された権利ではないが、それでもやはり絶対的な権利である。すべての人間は生きる権利を請求できる。したがって殺人を犯した犯罪者に科せられる場合であっても、死罪は不当である。私的な殺人が犯罪であれば、公的な殺人は犯罪ではないのだろうか。すべての人は、自分自身の身体が保全される権利を持っている。したがって拷問は、たとえ国家理性の名のもとで執行されようともやはり不当なものである。人類に属するということ、つまり普遍的な人間性に属するということは、これこれの社会に属することよりもなおいっそう根本的なことである。自由の行使はしたがって普遍性の要請に含まれることになり、教義と聖遺物と決別した聖性は、これ以降こうして新たに承認された「人権」のうちに具現されることになるのである。

すべての人が一群の同一の権利を所有しているならば、そのことから当然人間は法的には平等であることが帰結する。平等への要求は、普遍性に由来する。この要求によってわたしたちは、今日まで続いている闘いに関わることが可能となった。その闘いとはつまり、女性は法の前では男性と平等であり、奴隷制は廃止されなければならないし、人間が自由を放棄することをけっして妥当なものと見なさないことである。また貧しい者、保護の当てのない者やアウトサイダーにもその尊厳が認められ、子どもも個人として認められねばならない。

人間の普遍性をこのように承認することは、自分が生まれ育った社会とは別の社会への関心を引き起こす。旅行者の場合にしてもまた学者である場合にしても、彼らは一時的には自分の文化に由来する基準で遠い国の人々を判断せざるをえない。ところがその好奇心が目覚めてくると、文明が取りうる形態の多様性が意識されるようになり、情報や分析を集め始め、それによって次第に人類についての彼らの思想が変わることになるのである。時間上の多様性についても、事情は同様である。過去は永遠の理想の具現であるとかあるいは見本のたんなる総覧であることをやめ、代わりにその各々が固有の一体性と価値を持つ歴史的な時代の継続となる。自分が持っているものとは違った社会についての知識のおかげで、観察者は同時に以前ほど無邪気ではない眼差しを自分へと向けるようになる。自分が持っている伝統と世界の自然的秩序を混同することはもうなくなってしまう。こうしてフランソワ・モンテスキューはペルシャ人を批判することができ、また同時にフランス人を正しい判断力で批判するペルシャ人をイメージすることができたのである。

きわめて大筋なものでしかないが、以上が啓蒙の世紀に形づくられた一般的なプログラムであった。それが登場してから二五〇年後の現在、わたしたちはそれをどのように判断しなければならないだろうか。二つの点を確認しておくことが必要であるように思われる。一方では、ヨーロッパや啓蒙主義が影響を及ぼした世界の各地で、啓蒙の精神は疑いの余地もなく、闘いを挑んだ敵に対する勝利を手にした。世界についての知識は、イデオロギー的な排斥を受けることを懸念しすぎることもなく自由に発展した。個人は伝統の権威をもはやそれほど恐れることもなく、私的な空間を自分で管理するようになったが、それとともに大きな表現の自由も享受した。民主主義のもとでは、人民主権が個人の権利を尊重して施行されるが、そうした状態はいたるところで愛すべきモデル、望ましいモデルとなった。その次には普遍的な人権が共通の理想と見なされた。つまり、法の前の平等があらゆる正統な民主主義の規範となるのである。自分の関心を個人的な幸福に向けるか、それとも公共の安寧に向けるかは、誰の感情を害することもない生き方の選択である。もちろんこのことは、そうして掲げられた目標がいたるところで達成されたことを意味するものではない。それどころか今日なお人々は啓蒙の精神の名で自らを奮い立たせながら既存の秩序を批判しているのである。しかしながらすでに述べたように、当てにした恩恵がすべてそこで実現されたわけではなく、かつて表明された約束は守られず、二十世紀では啓蒙主義やヒューマニズム、解放、進歩、理性、自由意志を引き合いに出すのをやめるまでになってしまった。

こうしたプログラムとその結果との間の不釣り合いからわたしたちは二つの結論を引き出せる。まず第一に、啓蒙主義の創始者のうちの幾人かは過度の楽観主義という欠陥を持っていた。啓蒙主義の先駆者のひとり、イギリスの詩人ミルトンは、伝統の押しつけに屈し、教師の教えなしにはあえて前に進もうとしない小学生のように、故意に幼少期にとどまっている人類を遺憾とした。ミルトンは、理性を自由に用いることによって人類はついには成年期に達するという希望を表明していた。テュルゴーのような啓蒙主義の信奉者たちは、こうした希望をたんに知識や技術だけでなく、さらには精神や習俗の進歩といった、進歩についてのほとんど機械的な理論のうちに表現した。他方で、ヴォルテール、ダランベール、レッシング、コンドルセらはもっと慎重であった。とはいえかれらも啓蒙主義のおかげで人類は、知識と文化の普及の不可避的な結果である人類の成熟期に達することができると信じていた。

しかしながら、この時代から経過した歴史はそうした予言が十分な根拠のあるものでなかったことをわたしたちに示している。すなわち啓蒙の精神が打ち倒した敵たちは決定的に消滅させられてはいなかったということである。なぜなら、欲求や自由や合理性といったまったく根こそぎにはできない人間とその社会の特質から、彼らはその力をくみ取っているからである。こうした啓蒙の敵たちは、切り落とされてもすぐにまた生えてくるヒドラの頭のようなものである。人間は自由や真理に負けず劣らず安全や慰めを必要とする。普遍的な価値に与するよりはむしろ自分たちのグループの仲間を守る方を選ぶし、暴力の使用を伴う権力への願望は理性的な議論と同じように人類に特徴的なものである。したがってそこにあるのは、政党や政府が気の利いた改革で一挙に解決できるようなその場限りの困難から構成されているのではない、わたしたち人間のあり方の結果としての問題なのである。そうしたあり方を、啓蒙思想のさらに透徹した別の代表者たち、とりわけジャン＝ジャック・ルソーは無視してはいなかった。ルソーは進歩ではなく、そここにただ個人の完成能力、すなわち前進し、不可逆的なものは何もなく、あらゆる努力を正当化するが、その結果は保証されてはいない性質の能力を信じていた。人類の歴史については、それぞれの進歩には退歩が伴い、それぞれの改良は痛みを生むとルソーは考えていた。

第二の結論は、やはり啓蒙主義のプログラムと、それに続く二世紀の歴史の突き合わせのなかから取り出されるものである。解放の敵たちは、確かに想像していた以上に抵抗力のあるものであった。ヒドラの頭は、切り落とされても新たな相貌のもとにまた生えてくるのである。だがもっとも恐るべき敵は、啓蒙主義の内部自体からやってくる。それは啓蒙主義の原理からの逸脱、あるいは急進化の産物であり、その意味をひっくり返してしまうのである。

この過程は〔啓蒙主義の〕教説の要素すべてに関わる。自立の要請は知識が道徳の後見から、また真理の探究が道徳の命令から免れることを可能とした。極限まで追求すると、この要請はその欲望を際限なく増大させる。社会の価値を支持するのは今では知識なのである。このような科学主義が二十世紀の全体主義体制によって用いられるようになり、その暴力を正当化した。すなわち、科学によって明らかにされた歴史の法則はブルジョアジーの根絶を告げているとの口実で、共産主義はためらうことなくこの階級の構成員を駆逐したし、科学によって明らかにされた生物学の法則はある種の「民族」の劣等性を証明しているとの口実で、ナチは自分たちがその種に属すると判断を下した人々を死に至らしめた。民主主義国家では、そうした暴力は考えられない。

とは言っても、あたかも任意の社会の価値が知識から自動的に生じるかのように、専門家に政治的選択をするように求めることがないわけではない。

啓蒙主義の推進者たちはそれをできるかぎり広範に伝えることによって啓蒙主義を万人に分かりやすいものにしようと望んだ。情報の蓄積と伝達の手段の目を見張るような増大は新たな危険を暴露した。情報過多は情報を台無しにする。インターネット上に質問を一つするだけで、たちまち十万もの回答を受けとることになる。どれが一番信用できるもので一番答えとなるものなのかどうやったら分かるのだろうか。啓蒙思想は批判精神の涵養へと導く。しかし、民主主義的公共圏に依存する表現の自由を利用して何につけても中傷的な態度をとる場合、元々の出発点を覆さないかぎり批判は何も産み出さない無用なゲームとなる。同じことがここでも起こる。過剰な批判は批判を台無しにする。理性的な議論は権威（的な「議論」）よりも好ましい。しかし理性の支配が必然的に共通の善を生み出すとの考えは擁護できない。理性はどのような意志の役にも立つが、犯罪者ですら往々にして非合理的にならなくともすむのである。そのうえ人間世界が完全に決定されたもの、したがってことごとく認識可能だとはわたしたちはもはや思ってはいないのである。

個人の自立はその意志を特徴づける。極限にまで進むと、この自立は個人のありよう全体を性格づけ、自足的なものに変わる。ところが個人は社会から切り離されて自分だけでは存在しない。

個人の人間性自体がその周囲の他の人々との相互交流から作られるのである。この自足を公言することによって、人は社会を壊滅させ、社会の構成員は息づまる孤独を余儀なくさせられる。人民主権と言われる、共同体の自立は神権政治よりも好ましいものであるが、恐るべき効果をもったメディアの支持を背景にして十分に準備されたプロパガンダの影響のもとでは、人民の意志は誤る可能性がある。デモクラシーとデマゴギーを区別するのはいつでも容易だというわけではない。両者はともに一般の利益に奉仕すると称するのだが、本当にそうするのであろうか。

啓蒙の精神は置換操作を行う。人間の目的が神の目的に取って代わり、幸福の追求が救済のそれを押しのける。啓蒙の精神からの逸脱はたんに神の目的だけでなく、何であれ目的すべてを葬り去る点に存する。そしてもはや運動のための運動、力のための力、意志のための意志しか育もうとしなくなる。わたしたちの時代は多くの点で目的を忘却し、手段を神聖化する時代なのである。おそらくこの極限的な衝動のもっとも明らかな見本は科学の発展がわたしたちに与えてくれるだろう。そうした科学の仕事が直接的あるいは間接的にこの仕事を励まし、財政的に支えてくれる、幸福、解放、平和といったとりわけ人間的な目的に奉仕するからではなく、科学者の優れた技量を証明するからである。あることが可能であれば、それは実現されねばならないと言うことも可能だろう。そうでなかったら、なぜ火星に行こうとするのであろうか。

より一般的には、すべての政治生活がこの運動に引きずり込まれることになる。ルソーはわたしたちに警鐘を鳴らしてくれている。他者の眼差しのもとでしか生きられないのだから、人々は存在（être）をなおざりにし、ただ外見（paraître）のみを気遣い、公衆の面前に自分がどう映るかを自分の唯一の目的とする。「名声への欲望」、「自分の噂をしてもらいたいというあの熱望」、「人よりも抜きんでたいというあの熱狂」が彼らの行動の主要な動機となるが、そうした行動は他者への順応をつのらせるとともに意味を失う。政治的人間が権力に固執する以外の目的で権力を渇望することはまれである。そしてまた経済は公共の安寧に役立つものと見なされていることを忘れ、別の原理、開発のための開発、成長のための成長という原理に合わせて機能する。すでに数十年前から、こうした戦略は第三世界の国々では異論が喚起されるような結果が生み出されているし、数年前からはその帰結は西欧の工業国でも同様に認められるようになっている。金融資本主義の勝利を、それがわたしたちの利益だからといって、あるいはそれが自分に酔いしれた運動の現実的進行だからといって、グローバリゼーションや地方分権をわたしたちは受け入れなければならないのだろうか。

人類の統一性とそこから派生する権利の普遍性を承認することは、啓蒙の精神の偉大な獲得物である。しかし、人間の、すなわちあれこれの社会に属する独立した個人の権利は政治的プログラムの代わりにはならない。この権利が公共圏における抗いがたい唯一の指標となると、国の内部では「道徳的に正しいもの」の支配、魔女狩りの民主主義版であるメディアによる私刑、そして国家間の関係では「干渉権」に基づく政治や、爆撃機を後ろ盾とした輸出をもたらすおそれがある。

他者のものの見方を考慮に入れることは、当初の目的、広範なそしてそれゆえに正当な普遍主義から逸脱して、急進的な相対主義へと至る。この相対主義によれば、価値や文化はそれぞれがその固有の見地から判断されるべきものであって、もはや共通の基準を必要とはしないのである。こうした到達点は出発点をひっくり返し、台無しにする。というのも、今や人類の統一の否定へと導かれるからである。その点では、人類は物質的な製品と同種の文化の地球規模での洪水におぼれるといった具合に戯画化されるのであって、このような画一性を生み出すのは普遍性を裏切ることである。

枚挙すればきりがないこうした新たな危険は、その共通の特徴として啓蒙主義そのものを踏襲して生まれ、その固有の原理の誤用から招来されていることである。ここで問題となるのはまさしく啓蒙主義からの脱線、退廃であって、啓蒙主義の敵手たちが信じ込んでいる風を装っているように、その不可避的な帰結ではない。それだからこそこうした逸脱に対する闘いはその同じ原理から出発しなければならず、したがってまた啓蒙主義がその当初から関わり、たえず追い求めるように呼びかけてきたもの、蒙昧主義、恣意的な権力そして狂信主義との闘いに加わることである。反対側の地平からやってくる敵たちと闘う必要があり、この闘いが可能である証拠はすでに啓蒙の世紀に与えられていた。かのモンテスキューは、自分がそのために闘っていた原理が悪い結果をもたらすことを十分に自覚しており、理性の乱用や自由がもたらす有害な結果を避けようと努めた。そのためにモンテスキューは自分を家の三階に住む人物にたとえた。そうした者は、モンテスキューによれば、「階上からの騒音と階下からの煙で耐えがたい思いをする」のである。他方で、かのルソーはかたくなな信者たちとの論争をやめるやただちに、自分が「近代の唯物論者たち」を相手にした論争に入らなければならないことを十分に知悉していたのである。

変わったのはこうした二つの戦線の存在ではなく、その相対的な重要度である。啓蒙主義の獲得物に依拠する敵は、外部から攻撃を仕掛けてくる者よりも、昨日までは脅威は少なかった。今日真実なのはその反対である。とはいえ両面の危険がつねに現存しており、現在啓蒙の精神を標榜する組織が「売春反対・公娼反対」との二重否定によって自分自身を定義することを選択したのは偶然ではない。一方の途を拒否すれば他方を受け入れざるをえないというのは本当ではない。自立、ヒューマニズム、普遍性の途もまた開かれているのである。

今日わたしたちは啓蒙主義へと「立ち返る」ことはできない。その世界はわたしたちの世界ではない。しかしわたしたちは、前世紀の革命家たちや反人道主義者たちを否認しようとしたのと同じように、啓蒙主義を否認してはならない。わたしたちが必要としているのはむしろ啓蒙主義の再構築である。その作業は過去の遺産を守ることではあるが、啓蒙主義がわたしたちにそうするように教えてくれたようにこの遺産に批判的検討を加えながら、また望ましい結果と望ましくない結果とを明快に突き合わせながらそうするのである。啓蒙主義を批判することによってわたしたちは啓蒙主義に忠実でいられるのであるから、その教えを活かすことにしようではないか。わたしたちはそうした思想を行動に移す必要がある。なぜなら、くり返すが、啓蒙主義の代表者の幾人かが期待したのとは反対に、人類はそれ以降も成年期に達していないからである。さらに悪いことには、人類は成年期に達することはないだろうし、それはただ切望されるだけだということをわたしたちは今では知っているのである。これは啓示でも何でもない。カントは啓蒙の時代、本当に啓蒙された時代に自分たちは住んでいるのかと尋ねられ、「否、しかしおそらくは啓蒙されつつある時代である」、と答えた。それがわたしたち人間の天性ではないだろうか。労苦が果てることのないことを知りつつも、日々この労苦をまた重ねることにしようではないか。

訳者から読者へ

ここでは、本書を読まれた、あるいはこれから読もうとされる方々のために、訳者としてわたしがお伝えしたいと思う事柄をいくつか述べさせていただきます。

本書を手にされた読者はどのような方でしょうか。すでに十八世紀について一定の知識をお持ちでしょうか。そうでなくても一向に構いません。まず、本書と二〇〇六年三月一日から五月二十八日までパリの国立図書館で開催された、「啓蒙の精神　明日への遺産」展（以下「啓蒙展」と略記します）との関わりについて述べましょう。もちろん、この展示会をご自身でご覧になっているのであれば、その必要はないかもしれませんが。

トドロフは本書の「謝辞」で、「ここまでの頁を書くにいたったのは、フランス国立図書館長、ジャン＝ノエル・ジャンヌネが啓蒙主義とそれがわたしたちにとってどのような意味を持つのかを主題とする展示の企画への参加をわたしに求めたため」、と述べています。本書の出版年は、「啓蒙展」と同じ二〇〇六年です。出版月は定かではありませんが、わたしがインターネットで検索してこの本を見つけたのは、やはりその年の三月か四月のことでした。ですから、「啓蒙展」の開催時には、本書は出来上がっていたようです。こうした経緯からすれば本書は、文字通りこの「啓蒙展」の準備過程で生まれたと言えそうです。

「啓蒙展」は、二百点を越える絵画、書籍、図版を「啓蒙主義と現代」、そして『世界の中の啓蒙主義』という二つの大きな主題に分けて展示しました。この主題はさらに細かくいくつかの下位区分に分類されます。前者の「啓蒙主義と現代」を構成するのは、「批判から自己批判へ」、「宗教と無神論」、「グローバリゼーションの時代」、「科学と教育」、「西欧と世界」、「世界、単一性と複数性』、「普遍性の理念」、「個人の到来」、「権威への忠誠と権威からの解放の間で」、「公共空間」、「個人像」、「政治秩序」という十二の主題群です。そのもとにさまざまな絵画や書籍が展示されました。そして後者の「世界の中の啓蒙主義」では、「イスラム」、「インド」、「中国」、「ブラックアフリカ」、「北アメリカ」の五つのテーマに従って、それぞれ資料が展示されたのです。

「啓蒙主義と現代」、「世界の中の啓蒙主義」という二つの大きな主題が示しているように、この「啓蒙展」は通常の文化遺産の展示会とは様相を異にしています。もちろんそうした展示会も、当然それが展示する作品や作品群が現代にとって意味深いものであるからこそ、企画されるのでしょう。しかしこの「啓蒙展」のはじめの「啓蒙主義と現代」のように、その展示品と「現代」との関わり自体をテーマとするというのは、かなり稀なことと言えるのではないでしょうか。

こうした「啓蒙展」の特徴は、さらにその下位区分の諸主題を見るならば、さらにいっそう明らかになります。「グローバリゼーションの時代」とは、はたして十八世紀のことなのでしょうか、それとも現代のことなのでしょうか。このようにこの「啓蒙展」では、テーマは限りなく現代に接近しています。それが果たして現代を問題にしているのか、それとも十八世紀を問題にしているかはタイトルを見ただけではすぐには決められないほどです。

この展示会には、「明日への遺産」と副題がつけられています。言うまでもなく、この「明日」は、「今」を生きるわたしたちにとっての「明日」です。つまり、現代に生きるわたしたちが「過去」である十八世紀に向き合って、そこからなんらかの価値あるものを遺産として汲み取り、それを未来への糧にしよう、というのです。それは、トドロフの本書の言葉から引用するならば、「わたしたちの時代から目を背けずに過去と現在の間を行き来し、啓蒙思想のアウトラインを描き出すこと」(プロローグ)なのです。

先にこの「啓蒙展」は通常の文化遺産の展示会とは様相を異にしていると述べましたが、そうした過去をあえて遺産として読み取ろうとする企画こそが、この「啓蒙展」を特徴づけています。言い換えるならば、「死んだ者の生きる場所は生きている者の魂の中」とのディドロの言葉にもあるように[1]、過去の文化的・思想的遺産が甦るのは、それを自らの「生」の糧にしようとするものの精神の中においてであり、そうした過去に向き合う姿勢が、この「啓蒙展」の特徴になっているのです。

ですからこの企画は、通常言われる過去の文化遺産の「再評価」とも微妙に違っています。確かにそれには過去の遺産の評価の仕直しを伴うのでしょうが、別に再評価がなくとも構わないのです。従来言われ続けてきたことであっても、それがわたしたちの未来を築くのに役に立つのであれば、十分評価の対象となるからです。今回の「啓蒙展」について言えば、それは、この時代をあえてわたしたちの「同時代」と捉えて——そこにある差異は当然なものとして認めながら——、そこからわたしたちの未来に役立つものを読み取ろうとする企画でもあるように思えます。

わたしは、たまたまフランス国立図書館（BNと略します）のウェブサイトにアクセスしたときに、この「啓蒙展」が開催されることを知りました。二年前のことです。それで春休みを利用してフランスへ調査旅行に出かけることになっていた畏友、名古屋市立大学教授の寺田元一氏に、カタログがあれば買って来てくれるように頼みました。今わたしの手元に「啓蒙の精神　明日への遺産」と題された、総頁数一九一頁の立派なカタログがあるのはまったく同氏の厚意の賜物です。

さてこのカタログには、ハーバーマスをはじめとして幾人かの著名な研究者が序文を寄せています。その中心に位置するのが、本書でも附属資料として訳出したトドロフの「啓蒙の精神」という小論です。本書で本文とこの小論の両方を読まれた読者は、両者の類似性——この二つはほとんどコピー・アンド・ペースト、どちらからどちらへかは分かりかねますが、で書かれていることは確かです——に気づかれたことと思います。

先にも引用した本書の「謝辞」で、トドロフがフランス国立図書館長の依頼で『啓蒙展』の企画に参加するようになったことが本書執筆の動機になっていたことを指摘しましたが、トドロフがこの企画にどれほど深く関わっていたかは、いやむしろ本書と「啓蒙展」は一体のものであることが、これまで述べてきたことからも、また「啓蒙展」の概要を本書の内容と比べていただいても、かなり明らかになるのではないでしょうか。

確かに一方は絵画や図版や書籍の展示、他方は文章による記述のみという大きな違いがそこにはあります。しかし両者に共通しているのは、まさしく「わたしたちの時代から目を背けずに過去と現在の間を行き来し、啓蒙思想のアウトラインを描き出すこと」なのです。ですから、両者の類似は偶然ではなく、「啓蒙展」を企画・立案したのと同じ精神が、本書にも脈打っているのです。そしてそれだからこそわたしも、本書に「明日への遺産」という「啓蒙展」の副題をあえてあたえたのです。

それではこうした企画へと、トドロフを駆り立てたものは何だったのでしょうか。

この三十年近くの思想的彷徨の間に何度かトドロフに行き会うことがあったとはいえ、[2] わたしはトドロフの自覚的な読者ではありません。そのわたしの目にも、この数年間の思想家としてのトドロフの変貌（成長）は目を見張るべきものに映りました。たとえば二十世紀を総括した近著、『悪の記憶　善の誘惑』[3] では、二つの世界大戦、ヒトラーの虐殺、スターリンの粛清によって二十世紀を特徴づけながら、トドロフはこれらに「多元的民主主義」を対置する、自由の守り手として現れています。「考える知識人」から「闘う知識人」へと移行したのです。そのとき、自らの闘いを理論づけ、その思想的根拠を明らかにしようとすることは、思想家であるならば当然のことと言えるでしょう。わたしは、本書もまたそうした知的営みに連なる「場」であると考えます。

トドロフの「全体主義」批判は、容赦がありません。ブルガリア生まれのトドロフは、この体制下に生まれ、育ち、そして啓蒙思想の母国フランスで思想家としての自己形成を行います。ですから、現代の思想状況に立ち向かうトドロフが、「全体主義」を批判し、その批判の立脚点を求めて一八世紀の啓蒙思想に向かうことになったのも当然なことのように思えます。

しかし、なぜ啓蒙思想なのでしょうか。トドロフと似たような経歴を持ってフランスに米、自分が経験した「全体主義」への批判と啓蒙思想への共感をもっと直裁に語っている作家がいます。ミラン・クンデラです。クンデラの『ジャックとその主人』(4)の序文から、その全体主義批判と啓蒙思想への共感がどのように関わるかを聞いてみましょう。

一九六八年、チェコスロバキアはソ連軍の侵攻により全面占領状態になり、クンデラの著作はすべて発禁になりました。彼は生活の糧を得る、合法的手段を失ってしまいます。そんなとき一人の演出家からドストエフスキーの『白痴』の脚色を彼の名でやらないかとの提案が、クンデラにもたらされます。『白痴』を読み返してみるうちに、「突然ディドロの『運命論者ジャックとその主人』へのノスタルジーが頭をもたげてきた」クンデラは、『白痴』ではなく、この戯曲『ジャックとその主人』を「ディドロへのオマージュ」、「ディドロを主題とする変奏曲」として書き始めます。クンデラが、この戯曲を脱稿するのは一九七一年、そしてその出版はさらに十年後の一九八一年、パリでフランス語訳として行われます。

クンデラはこの戯曲の「序文」で、ソ連軍の占領と暴力的な状況で突然自分を襲った「不可解な欲望」を分析しています。

彼に嫌悪感をもたらしたのは、ドストエフスキーの作品の「風土」であり、それをクンデラは「すべてが感情に還元されてしまう世界」、そして「感情が価値や真実と同じレベルにまで引き上げられた世界」、と定義します。チェコを占領したソ連軍兵士たちは異口同音に、「どうしてわれわれと共に、われわれと同じように生きようとしないのか、愛とは何かを教えるために戦車を使わなければならないとは残念このうえない」、と言ったそうです。そこにクンデラは「暴力の上部構造」(ユング)、「無理解と不寛容の源泉となる、合理的思考に取って代わった感受性」を見いだします。

この感受性は、クンデラによれば、キリスト教がユダヤ教から決別して以来、言い換えるならば「法の明快さ」というユダヤ教的要請に、「神を愛せ」というキリスト教的要請(=ぼやけた倫理基準)が取って代わって以来、西欧社会を支配し続けたものです。そしてルネサンス以降、この西欧的感受性は、それを補完する「理性、懐疑、遊戯、人間認識の相対性」といった精神によって均衡が図られるようになったのです。そうした精神を欠落させているのが、ロシア的感受性なのだと、クンデラは言います。そしてこのロシア精神にあって、そうした欠落部分を補完しているのが神秘性(その深遠性と暴力性)なのです。

こう分析したうえで、クンデラは、「ロシアの重厚な不合理精神がわたしの国に降りかかったとき」、彼は「西欧近代の精神を心ゆくまで呼吸すること」を本能的に求めたのだと言います。そしてこの「不可解な欲望」が赴いた先が、ディドロの『運命論者ジャックとその主人』だったのです。この作品は「知性とユーモアと空想の饗宴」であり、そこへと向かったのは、この作品ほど「西欧近代の精神が濃密に凝縮されているものは他にありえない」からだと、クンデラは言います。

はたしてトドロフが、クンデラと同じようにディドロの作品を評価するかは分かりません。しかしわたしは、トドロフにもクンデラと同様の体験があったのではないかと思います。実際、「全体主義」体制下で多くの人々が、自分自身がその運命の担い手であることに困難を感じ、自らが幸福であることを不可能と感じ、ついには幸福を求めて行動したからこそ、あの不条理な体制が崩壊したのだと思います。

また現代という時代にあって、たとえ原爆やホロコーストや収容所といった二十世紀の諸悪を自らの体験としては持たなかったとしても、現代という時代を形作る諸問題に真摯に立ち向かおうとするならば、わたしたちにとっての参照事項として、程度の差はあれ、啓蒙主義の遺産がどれほど大きな意味を持ってくるかは明らかではないかと思います。本書の第七章は「普遍性」を取り上げています。しかし、それは同時に啓蒙主義の普遍性をも表すものでなければなりません。普遍性への要求を掲げる者は自らの要求の普遍性をも明らかにしなければならないからです。

トドロフが注目するのも、啓蒙主義のこの普遍的な側面です。彼は、「一七八九年のフランス大革命に先立つ四分の三世紀の間に、何にもまして、現在のわたしたちのありようの元となる大転換が生じた」、と言います。なぜなら啓蒙思想は、「史上はじめて人類が、自分自身の運命をその手に握り、人間が幸福であることをその行為の究極の目的に定めた」からです。「自分自身の運命をその手に握り、人間が幸福であること」を望むのは、十八世紀に限りません。それに先立つ諸世紀ではどうであったかは分かりかねます。しかし、少なくとも現代では、その実現は困難ですが、そうした要求自体は万人に共通のものといえるのではないでしょうか。

こうして啓蒙思想の、言うならばわたしたちにとっての「同時代性」が明らかになります。しかしそのことは啓蒙思想に無批判になることを意味するのではなく、かえってそれに対する批判の作業を不可欠なものとします。ある原理や理論をわたしたちの時代にあてはめようとするとき、十八世紀の思想的文脈のなかで当の原理や理論の果たした役割を検討し、それが本当にわたしたちが生きる思想的文脈のなかでも有効であることを確証しなければならないからです。「啓蒙思想」は、その意味ではトドロフにあっては、リオタールが提唱し、ポスト・モダンの論客や少なくないマルクス主義者までもが声高に叫んだ「大きな物語の終焉」論を超えた、参照事項として機能しています。むしろその視点は人類史的な広がりを持っていると言えます。

あるいはトドロフにあって、歴史は人間的営為の時間性、あるいはその進行を過去から現在、そして未来へと直線的に進むものと考える単線的な歴史理解を越えたものとして理解されていると言ってもよいでしょう。いかなる場所、いかなる時にあっても自らの運命の主人公であることを願う者にとって、それを阻む者とは闘い、これを克服することが課題となるのであって、その者が生きる「今」が過去に比べてどれほど「進歩」していようと、またそれが未来に比べてどれほど「退歩」していようとも何の意味もないからです。

BNを飾った「啓蒙展」から本書を支えるトドロフの基本的視座へと考察を進め、わたしたちはいつの間にかもう一つ別の問いが姿を現す地点にたどり着いたように思われます。それは、「あなたは今のあなたの時代をどう生きようとするのか」という問いです。この問いにわたしたちはそれぞれ自由に答えることができます。読者であるあなたがそれにどう答えようとされるかも、当然読者であるあなたの自由です。そしてこの問題については、わたしは口を閉ざすべきなのです。なぜなら、ヴォルテールも言うように、「あなた（＝わたし）は自由だ。しかしあなた（＝わたし）には他人（＝あなた）の自由を侵害する自由はない」からです。ですから本書について、訳者であるわたしがお伝えすることは、少なくとも本書の内容に関してはもう残っていません。もちろん大事なことでお伝えし忘れたことがあるかもしれません。その場合はお許しください。

大学の卒論でディドロを少しばかり囓り、また修士論文ではデカルトの広大な哲学世界の一部に触れただけのわたしが、「十八世紀」というきわめて魅力的な精神世界に本当の意味で出会えたのは、モンペリエ大学教授であった故ジャック・プルースト氏のおかげでした。その『ディドロと「百科全書」』によって、若くしてディドロ研究の世界的権威となった氏は、絶えず十八世紀研究のトップランナーでした。氏に導かれながら、わたしは文学や哲学といった既成の枠組みには収まりきれない混沌とした人間精神の奥深い営み、人間的であることへの強烈な志向に支えられた光と闇が織りなす精神世界を一歩ずつたどることになりました。

そうした氏がわたしに投げかけた最初の問いは、「なぜ日本の哲学をやらないのか」というものでした。それは、一九七七年夏のことです。翌年から留学してフランスで学ぼうと考えていたわたしが、はじめてモンペリエのご自宅に氏をおたずねした折に、わたしは氏の書斎でこの問いと出合いました。考えてみれば、なるほど日本にも「哲学」がまったくないわけではなかったのですが、わたしはフランスの実存主義をやりたくて「哲学専攻」を選択し、その後もこの選択について何の疑問も感じずに来ました。ですから、このときまで、そうした問いにわたしは出合ったことはなかったのです。わたしはこの問いかけに大変なショックを受け、そのときは結局何も答えられませんでした。

今から考えれば、この問いは「なぜ日本人であるわたしがメリエ(5)をやるのか」という問いと同義であることが分かります。そしてその問いかけは、なぜ本書をわたしが訳したのかと問うことにもつながっているとも思えます。少なくとも、わたしにはそう思えるのです。そんな事情から、わたしは、できることならば本書の冒頭に、「今は亡き師、ジャック・プルースト氏に捧ぐ」と献辞を入れたかったのです。

トドロフと「啓蒙展」の関係を読者の皆さんにお知らせしたものも含めて、この文章は「なぜわたしはこの本を訳したのか」という問いへの答えを探しながら書かれたものです。それが成功しているかどうかは、読者の皆さんのご判断に委ねるしかありませんが、わたしとしては精一杯答えを探したたつもりでおります。ですからわたしは、この訳書を、今は亡き師ジャック・プルースト氏に捧げたいと思います。

また本書の最初の「読者」、したがってまたその最初の「批判者」としてわたしを助けてくれ、さらにこの間とくに生活の全般にわたってわたしを支えてくれた妻弘子に心からの感謝の言葉を捧げます。そして今回の翻訳の機会を与えてくださった法政大学出版局の平川俊彦氏、また丁寧に訳文を見てくださった、担当の郷間雅俊氏にも心からの謝意を表したいと思います。

最後に本書をここまでお読みいただいた読者の皆さんに感謝いたします。訳者の力不足から著者トドロフの真意を図らずも曲げてお伝えしてしまった箇所があるかもしれません。それにお気づきの節は是非ご一報ください。わたしはこの訳書が「ウィキペディア」のように開かれたものであったら、と思います。トドロフの原著がわたしにとってそうであったように、本書が「今」この時代を生きる皆さんにとって、十八世紀あるいは啓蒙思想の意味を問う共通の「場」であってほしいと願うからです。読者の皆さん、最後までお付き合いくださりありがとうございました。

二〇〇八年六月吉日

石川　光一

注

（1）石川光一「哲学的唯物論の可能性――今、〈ディドロを読むこと〉を考える」、東京唯物論研究会編『唯物論』第七九号、二〇〇五年、一五三頁を参照。そこでは「死者が生きる場所は後世の人の記憶の中と決まっているじゃないか」となっている。

（2）はじめは *Dictionnaire encyclopédique de sciences du langage*, Seuil, Paris, 1972（『言語科学百科辞典』）、二度目は Mikaïl Bakhtine, *Le principe dialogique, suivi de écrits du cercle de Bakhtine*, Seuil, Paris, 1981（邦訳『ミハイル・バフチン　対話の原理　付・バフチン・サークルの著作』法政大学出版局、二〇〇一年、大谷尚文訳）によって、トドロフの思索に接した。

（3）Tzvetan Todorov, *Mémoire du mal, tentation du bien*, Robert Laffont, Paris 2000（邦訳、法政大学出版局、二〇〇六年、大谷尚文訳）

（4）Milan Kundera, *Jacques et son maître*, Gallimard, Paris, 1981（邦訳、『ジャックとその主人』みすず書房、一九九六年、近藤真理訳）

（5）プルースト教授のもとで学び始めるとほぼ同時期にわたしは「無神論司祭」と称されるジャン・メリエ（Jean Meslier 1664-1729）について研究を始めた。メリエが遺した膨大な『覚え書』は、千葉大学の三井吉俊氏とわたしの共訳で、『ジャン・メリエの遺言書』のタイトルで二〇〇六年二月に法政大学出版局から出版された。

マ 行

ヤ 行

ラ 行

人名索引

ア 行

カ 行

サ 行

タ 行

ナ 行

ハ 行

《叢書・ウニベルシタス　895》
啓蒙の精神

2008年7月23日　初版第1刷発行

ツヴェタン・トドロフ
石川光一訳
発行所　財団法人　法政大学出版局
〒102-0073 東京都千代田区九段北3-2-7
電話03(5214)5540 振替00160-6-95814
印刷：平文社　製本：誠製本

Printed in Japan

ISBN978-4-588-00895-5

著　者

ツヴェタン・トドロフ（Tzvetan Todorov）

1939年，ブルガリアに生まれる．1973年，フランスに帰化．ロラン・バルトの指導のもとに『小説の記号学』（67）を著して構造主義的文学批評の先駆をなす．『象徴の理論』（77），『象徴表現と解釈』（78），『言説の諸ジャンル』（78），『批評の批評』（84）で文学の記号学的研究をすすめるかたわら，『他者の記号学——アメリカ大陸の征服』（82）以後，記号学的見地から〈他者〉の問題に関心を深め，『ミハイル・バフチン——対話の原理』（81），『アステカ帝国滅亡記——インディオによる物語』（83），『はかない幸福—ルソー』（85），『われわれと他者』（89），『極限に面して』（91），『歴史のモラル』（91），『フランスの悲劇』（94），『共同生活』（95），『異郷に生きる者』（96），『未完の菜園』（98），『悪の記憶・善の誘惑』（2000），『越境者の思想』（02），『イラク戦争と明日の世界』（03），『絶対の冒険者たち』（06）などを刊行している．91年，『歴史のモラル』でルソー賞を受賞．現在，国立科学研究所（CNRS）の芸術・言語研究センターで指導的立場にある．

訳　者

石川光一（いしかわ・こういち）

1948年生まれ．早稲田大学大学院哲学修士課程修了．フランス政府給費留学生，モンペリエ第3大学博士課程修了．現在，日本大学教授．訳書（共訳），『ジャン・メリエ遺言書』（法政大学出版局），論文，「無神論への軌跡——ジャン・メリエの『覚え書』，その論理構成について」（『思想』1987年9月号），「十八世紀，フランス啓蒙思想における唯物論と無神論——唯物論史研究序説」（東京唯物論研究会編『唯物論』第77号，2003年）．

叢書・ウニベルシタスより／トドロフの著作

(表示価格は税別です)

199 他者の記号学　アメリカ大陸の征服
及川馥・大谷尚文・菊地良夫訳　4200円

204 象徴の理論
及川馥・一ノ瀬正興訳　品切

255 はかない幸福—ルソー
及川馥訳　品切

262 象徴表現と解釈
及川馥・小林文生訳　2700円

344 批評の批評
及川馥・小林文生訳　2800円

382 極限に面して　強制収容所考
宇京頼三訳　3500円

402 歴史のモラル
大谷尚文訳　品切

444 アステカ帝国滅亡記
G. ボド共編／菊地良夫・大谷尚文訳　6300円

594 フランスの悲劇　アメリカ大陸の征服
大谷尚文訳　3300円

629 共同生活　一般人類学的考察
大谷尚文訳　2600円

叢書・ウニベルシタスより／トドロフの著作

（表示価格は税別です）

707 **われわれと他者** フランス思想における他者像
小野潮・江口修訳 6800円

714 **ミハイル・バフチン 対話の原理**
大谷尚文訳 4500円

719 **言説の諸ジャンル**
小林文生訳 5000円

754 **未完の菜園** フランスにおける人間主義の思想
内藤雅文訳 4400円

780 **バンジャマン・コンスタン** 民主主義への情熱
小野潮訳 2600円

837 **越境者の思想** トドロフ，自身を語る
小野潮訳 5700円

848 **悪の記憶・善の誘惑** 20世紀から何を学ぶか
大谷尚文訳 5300円

880 **異郷に生きる者**
小野潮訳 3200円

884 **絶対の冒険者たち**
大谷尚文訳 3700円